OPUS DEI

COLEÇÃO

ESTADO de SÍTIO
coordenação **Paulo Arantes**

TÍTULOS LANÇADOS

A era da indeterminação
Francisco de Oliveira e Cibele Rizek (orgs.)

Até o último homem
Felipe Brito e Pedro Rocha de Oliveira (orgs.)

Bem-vindo ao deserto do Real!
Slavoj Žižek

Brasil delivery
Leda Paulani

Cinismo e falência da crítica
Vladimir Safatle

Estado de exceção
Giorgio Agamben

Evidências do real
Susan Willis

Extinção
Paulo Arantes

Guerra e cinema
Paul Virilio

Hegemonia às avessas
Francisco de Oliveira, Ruy Braga e Cibele Rizek (orgs.)

O poder global
José Luís Fiori

O que resta da ditadura
Edson Teles e Vladimir Safatle (orgs.)

O que resta de Auschwitz
Giorgio Agamben

O reino e a glória
Giorgio Agamben

Rituais de sofrimento
Silvia Viana

Saídas de emergência
Robert Cabanes, Isabel Georges, Cibele S. Rizek e Vera da Silva Telles (orgs.)

São Paulo
Alain Badiou

Videologias
Maria Rita Kehl e Eugênio Bucci

OPUS DEI

ARQUEOLOGIA DO OFÍCIO

COLEÇÃO
ESTADO de SÍTIO

GIORGIO AGAMBEN

HOMO SACER, II, 5

Tradução de Daniel Arruda Nascimento

Publicado originalmente por Bollati Boringhieri editore, Torino, Itália
Opus Dei: archeologia dell'ufficio
Copyright © Giorgio Agamben, 2012
Copyright desta edição © Boitempo Editorial, 2013

Este livro foi negociado através da Ute Korner Literary Agent, S.L., Barcelona –
www.uklitag.com e Agnese Incisa Agenzia Letteraria, Turim

Coordenação editorial	Ivana Jinkings
Editores-adjuntos	Bibiana Leme e João Alexandre Peschanski
Assistência editorial	Livia Campos
Tradução	Daniel Arruda Nascimento
Tradução dos trechos em latim	Nélio Schneider
Preparação	Mariana Echalar
Revisão	Alícia Toffani
Capa	David Amiel sobre detalhe de pintura a óleo de Antonello da Messina, *Vierge de l'Annonciation* (1475)
Diagramação	Schäffer Editorial
Produção	Livia Campos

CIP-BRASIL. CATALOGAÇÃO-NA-FONTE
SINDICATO NACIONAL DOS EDITORES DE LIVROS, RJ

A21o

Agamben, Giorgio, 1942-
Opus Dei : arqueologia do ofício: homo sacer, II, 5 / Giorgio Agamben ; tradução
Daniel Arruda Nascimento. - 1. ed. - São Paulo : Boitempo, 2013. (Estado de sítio) Tradução
de: Opus Dei: Archeologia dell'ufficio: homo sacer, II, 5

Inclui bibliografia e índice
ISBN 978-85-7559-332-5

1. Opus Dei (Sociedade). 2. Liturgia. 3. Dever. 4. Religião e política. 5. Poder (Filosofia).
6. Soberania. I. Título. II. Série.

13-01189   CDD: 264.02
                                                                                          CDU: 27-9-528

17/05/2013 17/05/2013

É vedada a reprodução de qualquer parte
deste livro sem a expressa autorização da editora.

Este livro atende às normas do acordo ortográfico em vigor desde janeiro de 2009.

1ª edição: junho de 2013

BOITEMPO EDITORIAL
Jinkings Editores Associados Ltda.
Rua Pereira Leite, 373
05442-000 São Paulo SP
Tel./fax: (11) 3875-7250 / 3872-6869
editor@boitempoeditorial.com.br | www.boitempoeditorial.wordpress.com
www.blogdaboitempo.com.br | www.facebook.com/boitempo
www.twitter.com/editoraboitempo | www.youtube.com/imprensaboitempo

SUMÁRIO

Prefácio 7

Opus Dei 11

1. Liturgia e política 13
Limiar 36

2. Do mistério ao efeito 39
Limiar 71

3. Genealogia do ofício...................................73
Limiar 93

4. As duas ontologias, ou como o dever entrou na ética 95
Limiar 129

Bibliografia 133

Índice onomástico 139

Lista de abreviaturas......................................143

PREFÁCIO

Opus Dei é o termo técnico que, na tradição da Igreja católica de língua latina, designa, já a partir do século VI, a liturgia, isto é, "o exercício da função sacerdotal de Jesus Cristo [...] na qual o culto público integral é praticado pelo corpo místico de Jesus Cristo, ou seja, pela Cabeça e pelos seus membros" (Constituição da Sagrada Liturgia de 4 de dezembro de 1963).

O vocábulo "liturgia" (do grego *leitourgia*, "prestação pública") é, entretanto, relativamente moderno: antes que seu uso se estendesse progressivamente até o fim do século XIX, encontramos em seu lugar o termo latino *officium*, cuja esfera semântica não é fácil de definir e que, ao menos em aparência, nada parecia destinar à sua nova fortuna teológica.

Em *O reino e a glória**, indagamos o mistério litúrgico sobretudo na face que este volta para Deus, isto é, em seu aspecto objetivo e glorioso; neste volume, a pesquisa arqueológica se orienta, ao contrário, para o aspecto que diz respeito sobretudo aos sacerdotes, ou seja, os sujeitos a quem compete, por assim dizer, o "ministério do mistério". E como, em *O reino e a glória*, procuramos esclarecer o "mistério da economia" que os teólogos construíram invertendo uma expressão paulina em si perspícua, tratava-se aqui de arrancar o mistério litúrgico da obscuridade e da imprecisão da literatura moderna sobre o argumento, restituindo-o ao rigor e ao esplendor dos grandes tratados medievais de Amalário de Metz ou Guilherme Durando. A liturgia é, na verdade, tão pouco misteriosa que se pode dizer que ela coincide antes como a tentativa talvez mais radical de pensar uma prática absolutamente e integralmente efetual. O mistério da liturgia é, nesse sentido, o mistério da

---

* São Paulo, Boitempo, 2011. (N. E.)

8 • Opus Dei

efetualidade* e somente ao compreender esse arcano é possível entender a enorme influência que essa prática, só em aparência separada, exerceu sobre o modo como a modernidade pensou tanto sua ontologia quanto sua ética, tanto sua política quanto sua economia.

Como costuma ocorrer em toda pesquisa arqueológica, também esta se conduziu, de fato, para bem além do âmbito do qual partimos. Como atesta a difusão do termo "ofício" nos setores mais diversos da vida social, o paradigma que o *opus Dei* ofereceu à ação humana revelou-se constituir para a cultura secular do Ocidente um polo de atração penetrante e constante. Mais eficaz que a lei, porque não pode ser transgredido, mas somente contrafeito; mais real que o ser, porque consiste somente na operação através da qual se dá realidade; mais efetivo que qualquer ação humana, porque age *ex opere operato*, independentemente da qualidade do sujeito que o celebra, o ofício exerceu sobre a cultura moderna um influxo tão profundo – isto é, subterrâneo – que passa despercebido até mesmo que não somente a conceitualidade da ética kantiana e a da teoria pura do direito de Kelsen (para nomear só dois momentos certamente decisivos de sua história) dependem inteiramente deste, mas também que um militante político e um funcionário de ministério se inspiram no mesmo paradigma.

O conceito de ofício significou, nesse sentido, uma transformação decisiva das categorias da ontologia e da praxe**, cuja importância resta

---

* Traduzimos a palavra *effettualità* por *efetualidade*, respeitando a diferença, desejada pelo autor, de *efetividade*, também próxima de *efeito* e *efetivo*. Embora *efetuabilidade* seja uma opção mais segura no que concerne ao uso do nosso vernáculo, escolhemos *efetualidade* por razões outras. Além de guardar uma maior familiaridade com a palavra original, fica evidente que se cuida de uma palavra em destaque, uma palavra que aqui adquire uma refinada relevância filosófica na investigação do autor. Assim, *effettualità* foi traduzida por *efetualidade*; *effettuale*, por *efetual*; e *effettualmente*, por *efetualmente*. (N. T.)

** Escolhemos traduzir *prassi* por *praxe* na maioria das vezes em que o termo aparece. Em alguns casos, para preservar a adequação do sentido da frase e observar o melhor uso em português, o termo será traduzido por *prática*. Não adotamos a tradução por *prática* em todos os casos por entender que a palavra possui uma aplicação excessivamente coloquial, não desejada pelo autor. A tradução por *praxis*, por sua vez, somente virá à tona quando o original for também *praxis*, respeitando-se a intenção do autor de usar o termo deliberadamente e de modo filosoficamente referenciado, como na distinção aristotélica entre *praxis* e *poiēsis* presente no segundo capítulo ou em outras obras suas, por exemplo o capítulo oitavo de *L'uomo senza contenuto*. (N. T.)

ainda medir. No ofício, ser e praxe, aquilo que o homem faz e aquilo que o homem é, entram em uma zona de indistinção, na qual o ser se resolve em seus efeitos práticos e, com uma perfeita circularidade, é aquilo que deve (ser) e deve (ser) aquilo que é. Operatividade e efetualidade definem, nesse sentido, o paradigma ontológico que, no curso de um processo secular, substituiu aquele da filosofia clássica: em última análise – esta é a tese que a pesquisa gostaria de propor à reflexão – tanto do ser quanto do agir nós não temos hoje outra representação senão a efetualidade. Real é só o que é efetivo e, como tal, governável e eficaz: a tal ponto o ofício, sob as vestes simples do funcionário ou gloriosas do sacerdote, mudou de alto a baixo tanto as regras da filosofia primeira como as da ética.

É possível que hoje esse paradigma esteja atravessando uma crise decisiva, cujo êxito não é dado prever. Apesar da renovada atenção à liturgia no século XX, da qual o assim chamado "movimento litúrgico" na Igreja católica, por um lado, e as imponentes liturgias políticas dos regimes totalitários, por outro, constituem um testemunho eloquente, muitos sinais permitem pensar que o paradigma que o ofício ofereceu à ação humana esteja perdendo seu poder atrativo justamente no ponto em que alcançava sua máxima expansão. Tanto mais necessário seria tentar fixar suas características e definir suas estratégias.

Opus Dei

Agir se diz de dois modos:
1) o agir verdadeiro e primeiro, aquele que produz as coisas do não-ser ao ser;
2) produzir um efeito naquilo em que se produz um efeito.

Al-Kindi

A obra de arte é a posição-em-obra da verdade do ser.

Martin Heidegger

1
LITURGIA E POLÍTICA

1. A etimologia e o significado do termo grego *leitourgia* (do qual deriva nosso vocábulo "liturgia") são perspícuos. *Leitourgia* (de *laos*, povo, e *ergon*, obra) significa "obra pública" e designa, na Grécia Clássica, a obrigação que a cidade impõe aos cidadãos possuidores de certa renda de prover a uma série de prestações de interesse comum, que vão da organização dos ginásios e dos jogos gímnicos (*gymnasiarchia*) à preparação de um coro para as festas da cidade (*chorēgia*, a exemplo dos coros trágicos para as Dionisíacas), da aquisição de cereais e óleos (*sitēgia*) a armar e comandar uma trirreme (*triērarchia*) em caso de guerra, de dirigir a representação da cidade nos jogos olímpicos ou délficos (*architheōria*) ao adiantamento que os quinze cidadãos mais ricos deviam pagar à cidade sobre as taxas de todos os cidadãos tributáveis (*proeisfora*). Tratava-se de prestações de caráter tanto pessoal quanto real ("cada um", escreve Demóstenes, "liturgiza, seja com o próprio corpo, seja com as próprias sustâncias", "*tois sōmasi kai tais ousiais lēitourgēsai*")[1], que, ainda que não fossem elencadas entre as magistraturas (*archai*), faziam parte do "cuidado das coisas comuns" ("*tōn koinōn epimeleian*")[2]. Embora a prestação das liturgias pudesse ser extremamente onerosa (o verbo *kataleitourgeō* significava "arruinar-se em liturgia") e houvesse cidadãos (chamados assim *diadrasipolitai*, "cidadãos latentes") que buscavam com todos os meios subtrair-se dela, o cumprimento das liturgias era visto como um modo de proporcionar honra e reputação para si, de maneira que muitos (o caso exemplar é aquele, referente à Lísia, de um cidadão que em nove

---

[1] Demóstenes, *IV Phil.*, 28.

[2] Isócrates, 7, 25.

14 • Opus Dei

anos gastou com as liturgias mais de 20 mil dracmas) não hesitavam em renunciar ao direito de não prestar a liturgia por dois anos consecutivos. Aristóteles, na *Política*, coloca-se assim em guarda contra o hábito, típico das democracias, de "prestar custosas e inúteis liturgias, como as coregias, as lampadarquias e outras desse gênero"[3].

Uma vez que até as despesas do culto pertencem à comunidade ("*ta pros tous theous dapanēmata koina pasēs tēs poleōs estin*"), Aristóteles pode escrever que uma parte das terras comuns deve ser destinada às liturgias para os deuses ("*pros tous theous leitourgias*")[4]. Desse uso cultural do termo, que será retomado com uma singular continuidade, tanto pelo judaísmo quanto pelos autores cristãos, os léxicos registram numerosos testemunhos, seja epigráficos, seja literários. Além disso, como ocorre nesse caso, o significado técnico-político do termo, cuja referência ao "público" é sempre primária, é estendido, às vezes jocosamente, a prestações que não têm nada de político. Poucas páginas depois do trecho citado, Aristóteles pode falar assim, a propósito da idade mais adequada à reprodução sexual, de um "serviço público para a procriação dos filhos" ("*leitourgein* [...] *pros tecnopoiian*")[5]; no mesmo sentido, com ironia ainda mais acentuada, um epigrama evocará "as liturgias" de uma prostituta[6]. Não é exato afirmar que, nesse caso, "o significado do elemento público (*lēitos*) está inteiramente perdido"[7]; ao contrário, a expressão adquire a cada vez seu sentido antifrástico somente em relação ao significado político originário. Quando o mesmo Aristóteles apresenta como uma "liturgia" o aleitamento dos filhotes pela mãe[8] ou quando lemos em um papiro a expressão "constranger a liturgias privadas"[9], em ambos os casos o ouvido deve perceber o constrangimento implícito no deslocamento metafórico do termo da esfera pública e social para a privada e natural.

---

[3] Aristóteles, *Pol.* (1309a 18-21) [ed. bras.: *A política*, 2. ed. rev., Bauru, Edipro, 2009].

[4] Ibidem, 1330a 13.

[5] Ibidem, 1335b 29.

[6] *Anth. Pal.*, 5, 49, 1.

[7] Hermann Strathmann, s. v. leitourgeō, leitourgia, em Gerhard Kittel e Gerhard Friedrich (orgs.), *Theologisches Wörterbuch zum neuen Testament* (Stuttgart, Kohlhammer, 1933--1979), p. 595.

[8] Aristóteles, *De anim. incessu*, 711b 30.

[9] *P. Oxy.*, III, 475, 18.

א O sistema das liturgias (*munera* em latim) atinge sua máxima difusão na Roma Imperial a partir do século III d.C. Do momento em que o cristianismo se torna, por assim dizer, a religião do Estado, um particular interesse conquista o problema da isenção dos clérigos da obrigação das prestações públicas. Já Constantino estabelecera que "aqueles que proviam o mistério do culto divino [*divini cultui ministeria impendunt*], isto é, aqueles que eram chamados de clérigos, deviam ser de todo isentados de toda prestação pública [*ab omnibus omnino muneribus excusentur*]"[10]. Apesar de, como prova um sucessivo decreto constantino que proíbe os *decuriões* de fazerem parte do clero, essa isenção implicar o risco de que pessoas abastadas se fizessem clérigos para escapar de *munera* onerosas, o privilégio, embora com outras limitações, foi mantido.

Isso prova que o sacerdócio era visto de qualquer modo como um serviço público e essa pode ser uma das razões que levarão, no âmbito do cristianismo de língua grega, à especialização em sentido cultural do termo *leitourgia*.

2. A história de um termo coincide frequentemente com a história de suas traduções ou de seu emprego nas traduções. Um momento importante na história do termo *leitourgia* é aquele que os rabinos alexandrinos realizam a tradução da Bíblia para o grego e escolhem o verbo *leitourgeō* (com frequência unido a *leitourgia*) para traduzir o hebraico *šeret* toda vez que esse termo, que significa genericamente "servir", é usado em sentido cultual. A partir de seu primeiro aparecimento em referência às funções sacerdotais de Arão, no qual *leitourgeō* é usado absolutamente ("*en tōi leitourgein*": Ex 28,35), o termo é usado com frequência em combinação técnica com *leitourgia* para indicar o culto na "tenda do senhor" ("*leitourgein tēn leitourgian* [...] *en tēi skēnēi*": Nm 8,22, referido aos levitas; "*leitourgein tas leitourgias tēs skēnēs kyriou*": Nm 16,9).

Os estudiosos se perguntaram as razões dessa escolha em detrimento de outros termos gregos disponíveis, como *latreuō* ou *douleō*, que em geral são reservados na Septuaginta a acepções menos técnicas. Que os tradutores tivessem bem presente o significado "político" do termo grego é mais que provável, se se recorda que as instruções do Senhor para a organização do culto em Ex 25-30 (em que aparece pela primeira vez o termo *leitourgein*) não são mais que uma explicitação do pacto que poucas páginas antes Israel constitui como povo eleito e como "reino de sacerdotes" (*mamleket*

---

[10] Carsten Drecoll, *Die Liturgien im römischen Kaiserreich des 3. und 4. Jh. n. Chr. Untersuchung über Zugang, Inhalt und wirtschaftliche Bedeutung der öffentlichen Zwangsdienste in Ägypten und anderen Provinzen* (Stuttgart, Steiner, 1997), p. 56.

16 • Opus Dei

kohanim) e "nação sagrada" (*goj qados*). É significativo que a Septuaginta recorra aqui ao termo grego *laos* ("*esesthe moi laos periousios apo pantōn tōn ethnōn*", "sereis para mim o povo excelente entre todas as gentes": Ex 23,20) para depois reforçar seu significado "político", traduzindo o "reino de sacerdotes" do texto como "sacerdócio régio" (*basileion hierateuma*, imagem retomada significativamente na Primeira Epístola de Pedro 2,9 – "vós sois uma estirpe eleita e um *basileion hierateuma*" – e em Ap 1,6) e *goj qados* como *ethnos hagion*.

A eleição de Israel como "povo de Deus" constitui-o imediatamente na função litúrgica (o sacerdócio é imediatamente régio, isto é, político) e santifica-o assim enquanto nação (o termo normal para Israel não é *goj*, mas "*am qados*, *laos hagios*": Dt 7,6).

א No judaísmo alexandrino, o significado técnico de *leitourgia* e *leitourgeō* para indicar o culto sacerdotal é normal. Assim, na Epístola de Aristeu (século II a.C.), "*tōn hiereōn hē leitourgia*" refere-se às funções cultuais do sacerdote, minuciosamente elencadas, da escolha da vítima ao cuidado do óleo e dos aromas[11]; pouco depois, "*Eleazar en tēi leitourgiai*" designa o sumo sacerdote em ato de oficiar, no qual vêm descritos com zelo as vestes e os paramentos sacros. O mesmo se pode dizer para Flávio Josefo e Fílon (que, entretanto, usa o termo também em sentido metafórico, como, por exemplo, com relação ao intelecto, que, "quando serve Deus – *leitourgei theōi* – em modo puro, não é humano, mas divino")[12].

3. Tanto mais significativa é (com a vistosa exceção da Epístola aos Hebreus) a escassa relevância do grupo lexical no Novo Testamento. Fora do *corpus* paulino (em que se lê cinco vezes também o termo *leitourgos*), *leitourgein* e *leitourgia* figuram apenas duas vezes, na primeira vez, completamente genérica, em referência às funções sacerdotais de Zacarias no Templo (Lc 1,23) e na segunda em referência aos cinco "profetas e doutores" da *ecclēsia* de Antioquia (At 13,2). O trecho dos Atos ("*leitourgountōn de autōn tōi kyriōi*") não significa, como se quis sugerir com um evidente anacronismo, "enquanto celebravam o serviço divino em honra do Senhor". Como a Vulgata entendera, traduzindo simplesmente como *ministrantibus autem illis Domino*, *leitourgein* equivale aqui a "enquanto desenvolviam a sua função na comunidade para o Senhor" (que era precisamente, como o

---

[11] Aristeu, 92, p. 87.

[12] *Rer. div. her.*, 84.

texto exprimira pouco antes, aquela dos profetas e dos doutores – "*profētai kai didaskaloi*": At 13,1 – e não dos sacerdotes, nem se entende qual outra *leitourgia* poderia estar em questão naquele momento; quanto à oração, Lucas se refere geralmente a ela com o termo *orare*).

Também nas Epístolas Paulinas o termo tem com frequência o significado profano de "prestação pela comunidade", como nas passagens em que a coleta feita pela comunidade é apresentada como um *leitourgēsai* (Rm 15,27) ou como *diakonia tēs leitourgias* (2Cor 9,12), e da ação de Epafrodito, que colocou em risco sua vida, diz-se que foi realizada para compensar a "liturgia" que os filipenses não puderam prestar (Fl 2,30). Mas também nas passagens nas quais *leitourgia* é propositalmente aproximada a uma terminologia propriamente sacerdotal, cumpre ter cuidado para não confundir incautamente os respectivos significados, deixando assim escapar a especificidade e a audácia da escolha linguística de Paulo, que aproxima intencionalmente termos heterogêneos. O caso exemplar é Rm 15,16: "para ser *leitourgos* de Cristo Jesus para os gentios, realizando a ação sagrada da boa nova de Deus [*hierourgounta to euangelion tou theou*]". Os comentadores projetam aqui sobre *o leitourgos* o significado cultual de *hierourgeō*, escrevendo: "que [Paulo] entenda *leitourgos* em sentido cultual, francamente como sacerdote, prova-o o trecho seguinte, em que explica o termo com a locução *hierourgein to euangelion*: ele cumpre um ministério sacerdotal a serviço do evangelho"[13]. Mas o hápax *hierourgein to euangelion*, no qual, com um extraordinário exagero, a boa notícia se torna o objeto impossível de um *sacrum facere* (como, com um *tour de force* análogo, *latreia*, o culto sacrificial, é aproximado em Rm 12,1 ao adjetivo *logikē*, "linguístico") é tão mais eficaz, se *leitourgos* conserva seu significado próprio de "encarregado de uma função comunitária" (*minister*, como corretamente traduz a Vulgata). A aproximação da terminologia cultual do Templo a algo – o anúncio feito aos pagãos e, como é dito logo depois, a "oblação dos gentios", *prosfora tōn ethōn* – que de nenhuma maneira pode realizar-se no Templo, tem um evidente significado polêmico e não pretende conferir uma aura sacrificial à pregação paulina.

Considerações análogas podem ser feitas para Fl 2,17: "mas se eu também me ofereço em libação [*spendomai*] pelo sacrifício e pela liturgia de vossa fé [*epi tēi thysiai kai leitourgiai tēs pisteōs*], eu me alegro com todos vós". Ainda

---

[13] Hermann Strathmann, s. v. leitourgeō, leitourgia, cit., p. 631.

18 • Opus Dei

que se compreenda a ligação entre *spendomai* e as palavras que se seguem, em todo caso a afirmação adquire sua gravidade somente se, deixando cair o anacronismo que vê em *leitourgia* um serviço sacerdotal (a comunidade paulina não pode obviamente conhecer sacerdotes), percebem-se o contraste e quase a tensão que Paulo sabiamente introduz entre terminologia cultual e terminologia "litúrgica" em sentido próprio.

א Foi notado há tempos (Dunin-Borkowski) que, na literatura cristã das origens, os termos *hiereus* e *archiereus* são reservados somente a Cristo, enquanto para os membros ou chefes da comunidade não é mais usada uma terminologia propriamente sacerdotal (estes eram definidos simplesmente *episkopoi* – superintendentes –, *presbyteroi* – anciãos – ou *diakonoi* – servidores). Um vocabulário sacerdotal aparece somente a partir de Tertuliano[14], Cipriano[15] e Orígenes[16]. Nas epístolas paulinas, que mencionam *episkopoi* e *diakonoi* (em Cl 1,25, Paulo denomina a si mesmo *diakonos*), particular atenção é dedicada às várias funções desempenhadas na comunidade, nenhuma das quais definida em termos sacerdotais. (Ver 1Cor 12,28-31: "A alguns Deus colocou na igreja como apóstolos [*apostolous*], em segundo lugar como profetas [*profētas*], em terceiro como mestres [*didaskalous*], depois as potências [*dynameis*], depois os dons de cura [*charismata iamatōn*], de assistência [*antilēmpseis*], de governo [*kybernēseis*], dos gêneros de língua [*genē glossōn*]"; Rm 12,6-8: "havendo dons diversos segundo a graça que nos é dada, seja profecia segundo analogia com a fé, seja o serviço no serviço [*diakonian en tēi diakoniai*], seja o mestre no ensinamento [*didaskōn en tēi didaskaliai*], seja o confortante no conforto [*parakalōn en tēi paraklēsei*]").

4. O autor da Epístola aos Hebreus elabora uma teologia do sacerdócio messiânico de Cristo, em cujo contexto o grupo lexical que nos interessa ocorre quatro vezes. Desenvolvendo a argumentação paulina das duas alianças (2Cor 3,1-14), o núcleo teológico da carta joga com a oposição entre o sacerdócio levítico ("*levitikē hierōsynē*": 7,11), correspondente à antiga aliança mosaica e inscrito na descendência de Arão, e a nova aliança, na qual a assumir a "liturgia" do grande sacerdote (*archiereus*, inscrito dessa vez na descendência de Melquisedeque) é Cristo mesmo. Das quatro pre-

---

[14] Tertuliano, *De baptismo*, em Jacques-Paul Migne (org.), *Patrologiae cursus completus. Series latina* (Parisiis, excudebat Migne, 1844-1864), II, 17, 1; *Adversus Judaeos*, em Jacques-Paul Migne (org.), *Patrologiae cursus completus*, cit., II, 6, 1, 14.

[15] Cipriano, *Epistolae*, em Jacques-Paul Migne (org.), *Patrologiae cursus completus*, cit., IV, 59, 14; 66, 8.

[16] Orígenes, *Hom. in Num.*, 10, 1.

Liturgia e política • 19

senças da família lexical, duas se referem ao culto levítico: em 9,21, Moisés asperge com sangue "a tenda e todos os objetos da liturgia" (*"panta ta skeuē tēs leitourgias"*); 10,11 evoca o sacerdote da antiga aliança, que "todos os dias se apresenta no Templo para exercer as funções litúrgicas [*leitourgōn*] e oferecer muitas vezes os mesmos sacrifícios". As duas ocorrências remanescentes referem-se, ao contrário, a Cristo, grande sacerdote da nova aliança. Na primeira (8, 2), ele é definido como o "liturgo das coisas sacras e da verdadeira tenda" (*"tōn hagiōn leitourgos kai tēs skēnēs tēs alēthinēs"*: ver Nm 16,9); na segunda (8,6), diz-se que ele "obteve uma liturgia diversa e melhor [*diaforōteras tetycken leitourgias*], quanto melhor é a aliança da qual é mediador". Enquanto, de fato, os sacrifícios dos levitas são só exemplo e sombra (*"ypodeigma kai skia"*: 8,5) das coisas celestes e não podem, portanto, cumprir e tornar perfeito (*"teleiōsai"*: 9,9; 10,1) aquilo que oferecem, o sacrifício da nova aliança, no qual Cristo sacrifica a si mesmo, anula o pecado (*"athetēsin hamartias"*: 9,26), purifica (*"kathariei"*: 9,14) e santifica para sempre (*"teteleiōken eis to diēnekes tous hagiazomenous"*: 10,14) os fiéis.

Reflita-se sobre a identidade que o texto supõe entre a ação de Cristo e a liturgia. Não somente sua ação salvífica é apresentada como uma "liturgia", mas, como grande sacerdote de um sacrifício em que o sacrificante sacrifica a si mesmo (*"heauton prosēnenken"*: 9,14), Cristo realiza uma ação litúrgica, por assim dizer, absoluta e perfeita, que, por isso, pode ser cumprida uma só vez (*"hapax prosenechtheis"*: 9,28; *"mian [...] prosenenkas thysian"*: 10,12). Nesse sentido, Cristo coincide sem resíduos com sua liturgia – é essencialmente liturgia – e justamente essa coincidência confere a ela sua incomparável eficácia.

Se a intenção do autor é, sem sombra de dúvida, opondo decididamente duas figuras do sacerdócio, apresentar o messias na veste hierática de um celebrante, não se deve esquecer que o sacerdote messiânico que aqui está em questão apresenta características bem particulares, que o distinguem ponto por ponto do sacerdócio levítico, e que propriamente nessa contraposição está o sentido da carta. Decisivo é que, enquanto os sacrifícios levíticos devem ser incessantemente repetidos e renovam todo ano a recordação dos pecados (*"anamnēsis hamartiōn"*: 10,3), o sacrifício da nova aliança advém, como o autor não se cansa de insistir, uma vez só e não pode ser de modo nenhum repetido. Na afirmação dessa irrepetibilidade do sacrifício, cujo único sacerdote, "tendo conseguido uma redenção eterna, entra de uma vez por todas [*efapax*] no santuário" (9,12), o autor da carta se mantém fiel

20 • Opus Dei

a uma genuína inspiração messiânica, sobre cuja base (em boa paz com a praxe eclesiástica sucessiva) não é possível fundar nenhuma liturgia cultual.

No mesmo instante em que o define como *leitourgos* e evoca para ele uma "liturgia diversa e melhor", o autor da carta sabe que o grande sacerdote da nova aliança fechou irrevogavelmente às suas costas as portas do templo. Nesse sentido, a *diaforōtera leitourgia* não é uma celebração, isto é, algo essencialmente repetível (esse é o significado etimológico de *celeber*). O paradoxo da liturgia cristã é que ela, tomando por modelo de seu sacerdócio a ação litúrgica de Cristo *archiereus* e fundando as próprias celebrações sobre a Epístola aos Hebreus, comprometer-se-á a repetir um ato irrepetível, a celebrar o não celebrável.

5. Foi Rudolf Sohm quem definiu a igreja primitiva como uma comunidade carismática, em cujo interior nenhuma organização propriamente jurídica era possível.

> Uma vez acertado que não uma palavra humana, mas apenas a palavra de Deus pode governar a igreja, consegue-se com igual certeza que não pode haver na cristandade um poder ou um ofício que possa exercer uma autoridade *jurídica* sobre a comunidade. A palavra de Deus não é reconhecida por sua forma exterior, mas por sua força interior. A cristandade pode seguir somente àquela palavra, que em virtude de sua livre e interior adesão ela *reconhece* como palavra de Deus [...]. *Não pode existir na igreja nenhum poder jurídico de governo* [*rechtliche Regierungsgewalt*].[17]

A organização da comunidade primitiva pode ter, consequentemente, só um caráter carismático:

> A cristandade é organizada através da repartição dos *dons de graça* (*Chrarismen*), que chama e, ao mesmo tempo, torna capazes os singulares cristãos para as diferentes atividades na cristandade. O carisma vem de Deus. Portanto, o serviço (*diakonia*) para o qual o carisma chama é um serviço consignado por Deus.[18]

Daí a tese radical, segundo a qual: "O direito canônico contradiz a essência da igreja. A verdadeira igreja, a igreja de Cristo, não conhece direito canônico"[19].

Segundo Sohm, a situação muda quando, em um momento no qual é testemunha a Epístola de Clemente aos Coríntios, abre caminho a ideia

---

[17] Rudolf Sohm, *Kirchenrecht: Die geschichtlichen Grundlagen* (Munique, Duncker & Humblot, 1923), v. 1, p. 22-33.

[18] Ibidem, p. 27.

[19] Ibidem, p. 459.

de que os presbíteros e os bispos tinham o direito de exercer sua "liturgia" e a comunidade não pode demovê-los de seu encargo, que vem assim a adquirir um "significado jurídico"[20]. "A consequência imediata da Epístola Clementina foi", escreve Sohm, "uma mudança na constituição da comunidade romana"[21], cujo resultado último é a transformação da igreja primitiva na Igreja católica, da comunidade carismática das origens na organização jurídica que nos é familiar.

Aqui não é lugar para entrar no mérito das discussões que a tese de Sohm provocou entre os historiadores da igreja e os estudiosos do direito canônico. Interessa-nos sobretudo, na economia de nossa investigação arqueológica, o significado e a relevância particular que o termo *leitourgia* e seus derivados têm na Epístola Clementina.

6. A Epístola de Clemente aos coríntios é o primeiro texto em que uma preocupação pastoral assume a forma de uma teorização da hierarquia eclesiástica compreendida como "liturgias". O contexto do problema é conhecido: Clemente, que representa "a igreja que permanece no exílio [*paroikousa*] em Roma", escreve à igreja em exílio em Corinto, onde um conflito (antes uma verdadeira *stasis*, uma guerra civil: 1,1) divide os fiéis dos chefes da comunidade, que foram demitidos de suas funções. Na luta que opõe "os obscuros aos ilustres, os tolos aos sábios e os jovens aos anciãos" (*"presbyterous"*: 3,3), Clemente toma resolutamente o partido destes últimos. Decisivo, em sua estratégia, não é tanto o recurso à metáfora militar, que ademais terá na história da igreja uma longa fortuna (como em um exército, "cada um em seu posto executa aquilo que é ordenado pelo rei e pelos comandantes": 37,3), quanto a ideia de fundar a função dos presbíteros e dos bispos como uma "liturgia" permanente que tem seu modelo no sacerdócio levítico. Clemente conhece a cristologia sacerdotal da Ep aos Hebreus e define Cristo uma vez como o "grande sacerdote de nossa oferta" (*"archierea tōn prosforōn hēmōn"*: 36,1); contudo, o que lhe interessa não são as características e a eficácia especial desse sacerdócio, mas o fato de que Cristo constitua o fundamento da sucessão apostólica: "O Cristo vem de Deus, e os apóstolos vêm de Cristo" (42,2). Não sem contradição com o ditado pela Epístola aos Hebreus (que havia substituído o sacerdócio levítico pelo de Cristo) e com um singular anacronismo (as funções sacerdotais no Templo de Jerusalém, destruído em

---

[20] Ibidem, p. 159.

[21] Ibidem, p. 165.

70 d.C. pelos romanos, cessaram havia já algum tempo), Clemente institui uma relação paradigmática entre a ordem hereditária dos levitas e a da sucessão apostólica na Igreja. Na construção dessa analogia, o conceito de *leitourgia* desempenha um papel central. Como, no Templo de Jerusalém, "as ofertas e as funções litúrgicas [*prosforas kai leitourgias*] não são cumpridas ao acaso e sem ordem, mas em tempos e momentos determinados [...] e foram dadas ao grande sacerdote as liturgias particulares [*idiai leitourgiai*], aos sacerdotes um lugar próprio e aos levitas seus próprios serviços [*diakoniai*]", assim também na igreja cada um deve agir e agradar a Deus no posto que lhe é próprio, "sem transgredir os cânones que foram estabelecidos por sua liturgia [*ton hōrismenon tēs leitourgias autou kanona*]" (40,2-41,1). Os apóstolos, de fato, prevendo que seria iniciada uma contenda sobre as funções episcopais (*peri tou onomatos tēs episkopēs*), "estabeleceram como regra que, depois da morte daqueles que eles haviam nomeado, outros homens probos lhes sucederiam em sua liturgia [*diadexontai* [...] *tēn leitourgian autōn*]" (44,2). Por isso, Clemente pode agora afirmar com força "não considerar justo que sejam demitidos de sua liturgia [*apoballesthai tēs leitourgias*]" aqueles que "desempenharam de modo irrepreensível suas funções litúrgicas [*leitourgēsantas amemptōs*] nas labutas do rebanho de Cristo" (44,3); e pode concluir com um louvor àqueles "anciãos [*presbyteroi*] que percorreram todo o seu caminho e alcançaram um fim fecundo e perfeito" e com uma advertência aos fiéis de Corinto que os destituíram "da liturgia que haviam exercido com honra e de modo irrepreensível" (44,6).

É evidente que, na carta, o termo *leitourgia*, mesmo mantendo o significado original de prestação pela comunidade, adquire as características de um ofício estável e vitalício, objeto de um cânone (*kanōn*) e de uma regra (*epinomē*, que a antiga versão latina da carta dá como *lex*). Todo o vocabulário de Clemente vai nesta direção: *kathistēmi* ("constituir, nomear"), *diadechomai* (termo técnico para a sucessão de um cargo), *ypotassō* ("submeter-se a uma autoridade"; reciprocamente, aqueles que desobedecem são responsáveis por uma *stasis*, "guerra civil, insurreição"). Além disso, a referência paradigmática ao culto levítico confere ao termo (como já ocorria na Septuaginta) um caráter e uma aura sacerdotal em um momento nada seguro (como vimos, nenhum documento das origens usa o termo "sacerdote" – *hiereus, sacerdos* – para indicar um membro da comunidade). De prestação pública ocasional, que não tem um titular específico no interior da comunidade, a liturgia começa a transformar-se em uma atividade especial, em um "ministério" que tende a definir como titular um sujeito particular: o bispo e os presbíteros

Liturgia e política • 23

na carta e, mais tarde, o sacerdote. Mas o que define essa atividade, o que constitui como liturgia uma esfera de ação determinada?

א Na seção das Constituições Apostólicas, notada como Cânones apostólicos, pode--se ver como a passagem de uma comunidade carismática para uma organização do tipo jurídico não somente é um fato de qualquer modo já completo, mas havia constituído o objeto de uma estratégia precisa. O texto, que, embora composto ao fim do século IV, imiscui-se de obra dos próprios apóstolos, começa de fato com um amplo tratamento dos carismas tradicionais (glossolalia etc.), mas o objetivo do autor é com toda evidência minimizar a relevância a respeito do que ele define logo depois como "organização eclesiástica" (*ekklēsiastikē diatypōsis*). Em questão estão, certamente, as "constituições" (*diataxeis*, termo técnico para as disposições testamentárias) que os apóstolos estabeleceram como configuração ou modelo geral (*typos*) da igreja, da ordenação do bispo à articulação da hierarquia aos rituais dos sacramentos. Evidente, nas Constituições, é a construção de uma hierarquia eclesiástica separada que culmina no bispo:

> Os sacrifícios de então são agora a oração, as invocações e as ações de graças [*eucharistiaí*]; as primícias, os dízimos e as ofertas de então são agora os dons e as oblações que os santos bispos oferecem a Deus, através de Jesus Cristo, que foi morto por nós. Esses são os vossos sumos sacerdotes [*archiereis*] e os presbíteros são os vossos sacerdotes, os diáconos, os vossos levitas.[22]

"Qualquer um que faz qualquer coisa sem o bispo", lê-se pouco depois, "fá-lo em vão" (*matēn*)[23]; e "assim como não podemos nos aproximar de Deus se não através de Cristo, não é consentido nos aproximarmos do bispo se não através dos diáconos"[24].

Ainda em Ireneu, ao contrário, os carismas não são subordinados à sucessão segundo a ordenação apostólica. O trecho em que ele recomenda a obediência aos presbíteros, "porque estes com a sucessão episcopal recebe-ram um *charisma veritatis certum*"[25], não significa, como foi sugerido, que ele reivindique para o bispo uma espécie de infalibilidade; antes, o fato de que, logo depois, Ireneu distinga entre bons e maus presbíteros e confirme a

---

[22] Marcel Metzger, *Les Constitutions apostoliques* (Paris, Cerf, 1986), v. 1, p. 237.

[23] Ibidem, v. 1, p. 241.

[24] Ibidem, v. 1, p. 247.

[25] Ireneu de Lião, *Contre les hérésies* (orgs. Adeline Rousseau et al., Paris, Cerf, 1965-2002), v. 4, 26, 2-3 [ed. bras.: *Contra as heresias*, São Paulo, Paulus, 1997, Patrística 4].

importância dos *charismata Dei* mostra que ele concebe estes últimos como um elemento igualmente importante da ordenação eclesiástica:

> Onde foram postos os carismas de Deus [*ubi igitur charismata dei posita sunt*], ali é preciso aprender a verdade: junto deles encontram-se tanto a sucessão apostólica da igreja quanto a vida reta e irrepreensível e a palavra incorrupta e não adulterada.[26]

No fim do século II, comunidade carismática e organização hierárquica convivem ainda em unidade funcional na igreja.

7. Guy Stroumsa chamou recentemente a atenção para a permanência da ideologia sacrificial no cristianismo. É sabido que o judaísmo rabínico, depois da segunda destruição do Templo, orientou-se no sentido de uma espiritualização da liturgia, transformando-a de uma sequência de ritos que acompanhavam a ação sacrificial em um conjunto de orações que de fato substituíam os sacrifícios. Nessa perspectiva, o *talmud Torah*, o estudo da Torá, suplantou as práticas sacrificiais e "os rabinos reunidos em Yavne conseguiram transformar o judaísmo, sem confessar, talvez, nem a si mesmos, em uma religião não sacrificial"[27]. Todavia, o cristianismo se define precocemente como:

> uma religião concentrada no sacrifício, ainda que se trate de um sacrifício reinterpretado. A *anamnēsis* cristã do sacrifício de Jesus tem um poder muito diverso com relação à memória hebraica dos sacrifícios do Templo, porque a *anamnēsis* é a reativação do sacrifício do Filho de Deus, desenvolvida pelos sacerdotes.[28]

Stroumsa poderia ter acrescentado que a construção da liturgia sacramental se funda, já a partir da patrística, sobre a contraposição explícita e sem reserva dos sacramentos da antiga lei, que significam e anunciam, mas não realizam o que significam, aos sacramentos da nova lei, que cumprem o que significam.

Em realidade, o autor da Epístola aos Hebreus não estabelece nenhum nexo entre a doutrina do sacerdócio de Cristo e a celebração eucarística. Não é este o lugar para reconstruir a genealogia dessa conexão, cuja importância

---

[26] Ibidem, v. 4, 26, 5.

[27] Guy Gedaliahu Stroumsa, *La fin du sacrifice. Les mutations religieuses de l'Antiquité tardive* (Paris, Odile Jacob, 2005), p. 76.

[28] Idem.

estratégica para a Igreja é evidente. Já implícita em Orígenes[29], ela aparece frequentemente de modo sub-reptício, pela simples justaposição dos dois motivos. Assim em dois trechos das Constituições Apostólicas, nos quais a preocupação eclesiológica é evidente: "Senhor, concede a teu servo, que escolheste para o episcopado, apascentar o santo rebanho e exercer diante de ti o sumo sacerdócio [*archierateuein*] de modo irrepreensível, dia e noite [...] oferecendo-te sem desvio nem censura nem reprovação o sacrifício puro e não sangrento, que instituíste através de Cristo, o mistério da nova aliança"[30]; "o primeiro sumo sacerdote por natureza [*prōtos* [...] *tēi physēi archiereus*], o Cristo unigênito, não assumiu por si essa dignidade, mas foi ordenado pelo Pai. Fez-se homem por nós e, oferecendo a seu Deus e Pai o sacrifício espiritual, ordenou somente a nós realizar essas coisas"[31]; e em Epifânio ("a fim de que fosse para nós ordenado padre segundo a ordem de Melquisedeque sempre e continuamente portando a oferta por nós, depois de ser sacrificado na cruz para abolir todo o sacrifício da antiga aliança")[32]. Pouco mais tarde, encontramos os dois temas juntos em Ambrósio ("Quem é então o autor desses sacramentos, se não o Senhor Jesus? [...] Aprendemos que no tempo de Abrão houve uma prefiguração [*figuram*] desses sacramentos quando o santo Melquisedeque, que não tinha início nem fim de anos, ofereceu o sacrifício. Ouve, homem, o que diz o apóstolo Paulo aos hebreus")[33] e em Agostinho ("Ele é também o nosso sacerdote em eterno segundo a ordem de Melquisedeque, que se ofereceu em sacrifício por nossos pecados e nos recomendou celebrar uma semelhança de seu sacrifício em memória de sua paixão, a fim de que o que Melquisedeque ofereceu a Deus pudéssemos ver ofertado na Igreja de Cristo sobre toda a terra")[34].

---

[29] Orígenes, *Hom. in Num.*, cit., 9, 5, 2; 10, 21.

[30] Marcel Metzger, *Les Constitutions apostoliques*, cit., v. 1, p. 147-9.

[31] Ibidem, p. 271.

[32] Epifânio, *Panarion haer. 34-64* (orgs. Karl Holl e Jürgen Dummer, Berlim, Akademie--Verlag, 1980), 55, 4, 5-7, p. 329.

[33] Ambrósio, *De sacr.*, 4, 8-12; 5, 1 [ed. bras.: *Explicações dos símbolos. Sobre os sacramentos. Sobre os mistérios. Sobre a penitência*, 2. ed., São Paulo, Paulus, 2005, Patrística 5].

[34] Agostinho, *De diversis quaestionibus liber unus*, em Jacques-Paul Migne (org.), *Patrologiae cursus completus*, cit., XL, 56, 2.

26 • Opus Dei

Trata-se em todo caso, juntando dois textos distintos, de conceber a instituição da eucaristia como uma prestação sacerdotal de Jesus, que, segundo a doutrina da carta, age como sumo sacerdote da ordem de Melquisedeque e transmite, desse modo, o ministério sacerdotal aos apóstolos e a seus sucessores na Igreja. Pode-se dizer, nesse sentido, que a definição do caráter sacerdotal da hierarquia eclesiástica constrói-se justamente fundando a liturgia sacramental na doutrina de Cristo sumo sacerdote. Naquela *summa* da liturgia católica que é o *Rationale divinorum officiorum* [Exposição racional dos ofícios divinos] de Guilherme Durando, a conexão já possui a evidência de uma fórmula: "*Missa instituit Dominus Iesus, sacerdos secundum ordinem Melchisedech, quando panem et vinum in corpus et sanguinem suum transmutavit, dicens: 'Hoc est corpus meus, hic est sanguis meus', subiungens: 'Hoc facite in meam commemorationem'* ["A missa foi instituída pelo Senhor Jesus, sacerdote segundo a ordem de Melquisedeque, quando transmutou o páo e o vinho no seu corpo e sangue, ao dizer: 'Isto é o meu corpo, aqui está o meu sangue' e acrescentar: 'Fazei isto em memória de mim'"][35].

O Concílio de Trento (seção XXII, cap. 1) sanciona para além de qualquer dúvida o caráter fundador e eterno do sacerdócio de Cristo, que se renova e perpetua na liturgia eucarística, em cuja celebração a Igreja se liga ao Cristo liturgo da Epístola aos Hebreus:

> Padecendo a morte sobre a cruz, Cristo se ofereceu de uma vez por todas a Deus Pai para operar por nós a redenção eterna. Sua morte, todavia, não significa o fim de seu sacerdócio. Por isso, na última Ceia, na mesma noite em que seria traído, quer deixar à Igreja, sua esposa amada, um sacrifício visível que tornasse presente e comemorasse até o fim dos tempos o sacrifício que estava por realizar de uma vez por todas sobre a cruz de modo sangrento [...]. Afirmando que tinha sido constituído sacerdote por toda a eternidade, segundo a ordem de Melquisedeque, ele ofereceu a seu Deus Pai, sob a espécie do pão e do vinho, o seu corpo e o seu sangue e, sob os sinais destes, ofereceu-se a beber e a comer aos apóstolos. Ao mesmo tempo, ele se constituía como sacerdote da Nova Aliança, ordenando a estes e a seus sucessores que oferecessem o mesmo sacrifício.

Na ideia do "sacerdócio eterno" de Cristo, a "de uma vez por todas" (*hapax*) da Epístola aos Hebreus vincula-se com "até o fim dos tempos" da

---

[35] Guilherme Durando, *Rationale divinorum officiorum* (orgs. Anselme Davril e Timothy Thibodeau, Turnholti, Brepols, 1995-2000), v. 1, p. 240.

Liturgia e política • 27

celebração eucarística incessantemente repetida pela Igreja, e a continuidade da hierarquia eclesiástica da Epístola de Clemente recebe seu selo sacerdotal.

A definição da liturgia nas encíclicas do século XX não faz senão confirmar esse nexo: "A sagrada liturgia é o culto público, que o nosso redentor, enquanto Chefe da Igreja, recebe do Pai celeste e que a sociedade dos fiéis oferece a seu Chefe e, através dele, ao Pai eterno"[36].

O fato de que a Igreja havia fundado sua prática litúrgica sobre a Epístola aos Hebreus, colocando em seu centro uma incessante reatualização do sacrifício realizado por Cristo *leitourgos* e grande sacerdote, constitui ao mesmo tempo a verdade e a aporia da liturgia cristã (que Agostinho resumia na antítese *semel immolatus* [...] *et tamen quotidie immolatur* [imolado uma única vez [...] e, não obstante, é imolado diariamente]). O problema, que não cessará de aparecer na história da Igreja como seu "mistério" central, é certamente aquele do modo como se devem entender a realidade e a eficácia da liturgia sacramental e, ainda, como esse "mistério" pode tomar a forma de um "ministério", que define a prática específica dos membros da hierarquia eclesiástica.

8. A doutrina do caráter litúrgico do sacrifício de Cristo tem sua raiz na própria doutrina trinitária. Mostramos alhures como, para conciliar em Deus a unidade da substância com a pluralidade das pessoas, os Padres, em um estreito corpo a corpo com a gnose, formularam-na no início da doutrina da trindade em termos de uma *oikonomia*, de uma atividade de "administração" e "gestão" da vida divina e da criação[37]. Nas palavras de Tertuliano, que está entre os primeiros a elaborar contra os monarquistas a doutrina trinitária como uma "economia" divina: "deve-se crer em um único Deus, mas com sua *oikonomia* [...] a unidade, que traz por si mesma a trindade, não é destruída por esta, mas administrada [*non destruatur ab illa sed administretur*]". Invertendo uma expressão de Paulo, que havia falado em suas cartas, com referência ao plano divino da redenção, de uma "economia do mistério" (*"oikonomia tou mystēriou"*: Ef 3,9), Hipólito,

---

[36] Carlo Braga e Annibale Bugnini (orgs.), *Documenta ad instaurationem liturgicam spectantia. 1903-1963*, CLV (Roma, Edizioni Liturgiche, 2000), p. 571.

[37] Giorgio Agamben, *Il regno e la gloria. Per una genealogia teologica dell'economia e del governo. Homo sacer, II, 2* (Turim, Bollati Boringhieri, 2009), p. 31-66 [ed. bras.: *O reino e a glória: uma genealogia teológica da economia e do governo. Homo sacer, II, 2*, São Paulo, Boitempo, 2011, p. 31-64].

28 • Opus Dei

Ireneu e Tertuliano apresentam assim a própria articulação da trindade e sua ação salvífica como um "mistério da economia" (*mystērion tēs oikonomias, oikonomias sacramentum*). A insistência no caráter "mistérico" da obra divina da salvação mostra, todavia, que a divisão que se queria evitar no plano do ser reaparece como fratura entre Deus e sua ação, entre ontologia e praxe. Misterioso agora não é mais, como em Paulo, o plano divino da redenção, que exigia uma *oikonomia* em si mesma perspícua; misteriosa ou mistérica agora é a própria "economia", a própria prática por intermédio da qual Deus assegura a salvação de sua criação. Seja qual for o significado a atribuir ao termo *mystērion* e ao seu equivalente latino *sacramentum*, essencial aqui é que a economia divina tome a forma de um mistério.

Por intermédio da encarnação, Cristo assume sobre si essa economia misteriosa; mas, com base na passagem de João segundo a qual "o filho do homem foi glorificado por Deus e Deus foi glorificado nele", a "economia" é compreendida ao mesmo tempo como uma glorificação e uma manifestação recíproca do pai por intermédio do Filho e do Filho por obra do Pai. No comentário de Orígenes ao Evangelho de João, a "economia da paixão" do salvador coincide perfeitamente com a economia da glória pela qual o Filho revela e celebra o Pai. O mistério da economia é um mistério doxológico, isto é, litúrgico.

É com essa concessão aporética da "economia" trinitária, na qual Cristo age como "ecônomo" tanto da redenção quanto da glória do Pai, que se deve ler a doutrina da Epístola aos Hebreus, na qual Cristo se apresenta em vestes de *leitourgos*, de um sumo sacerdote que assume sobre si a "liturgia", a prestação "pública" e "sacrificial" da redenção do gênero humano. A cristologia trinitária se elabora, assim, através de um duplo registro metafórico: à metáfora política e cultual de Cristo liturgo da redenção na Epístola aos Hebreus corresponde pontualmente nos Padres a metáfora "econômica" de Cristo administrador e dispensador do mistério divino da salvação. A relação e a tensão entre essas duas metáforas definem o *locus* em que se situa a liturgia cristã. Celebrando liturgicamente seu sacrifício (seu "mistério"), Cristo leva a cumprimento a economia trinitária; o ministério da economia, enquanto é uma economia da salvação, realiza-se e traduz-se em mistério litúrgico, no qual metáfora econômica e metáfora política se identificam.

Os teólogos modernos chegam a distinguir a "trindade econômica" (ou de revelação), que define Deus em sua ação salvífica com relação aos homens, e a "trindade imanente" (ou de substância), que define a articulação interna da

Liturgia e política • 29

vida divina em si mesma. Trindade econômica e trindade imanente devem coincidir na liturgia. Mas as tensões e as contradições que eram implícitas no paradigma "econômico-mistérico" da trindade continuarão ainda a assinalar o mistério litúrgico da atividade pública da Igreja, no qual mistério e economia, ação sacerdotal e praxe econômico-política, *opus operatum* e *opus operantis* continuarão até o fim a se distinguir e a se sobrepor.

9. A Epístola aos Hebreus e a Epístola de Clemente constituem as duas polaridades pelas quais a tensão da liturgia cristã não cessará de se articular e definir. Por um lado, o *semel* [uma única vez] do sacramento eficaz, mas não passível de repetição, cujo sujeito único é Cristo; por outro, o *quotidie* [diariamente] da "liturgia" do bispo e dos presbíteros no interior da comunidade. Por um lado, o *mistério* de uma ação sacrificial perfeita, cujos efeitos se realizam de uma vez por todas (nas palavras do tratado litúrgico de Cabasilas, a "santificação"); por outro o *ministério* dos que devem celebrar sua recordação e renovar sua presença (que Cabasilas denomina "significação", *sēmasia*)[38]. Por um lado, nas palavras da encíclica *Mediator Dei*, com a qual a Igreja moderna, em um momento crucial de sua história, procurou restituir vitalidade à tradição litúrgica, o elemento "objetivo" da liturgia, o "*mysterium* do corpo místico", cujo operador é a graça, que se manifesta nos carismas e age nos sacramentos *ex opere operato* (através da simples realização de certo ato); por outro, o elemento "subjetivo" do culto feito por meio da participação dos fiéis, *ex opere operantis Ecclesiae*[39].

A insistência com que a encíclica *Mediator Dei* tenta negar e quase exorcizar a contradição entre "a ação divina" e "a colaboração dos homens", entre "a eficácia do rito exterior dos sacramentos, que se produz *ex opere operato* e a ação meritória daqueles que o dispensam e o recebem, que chamamos *opus operantis*", entre "a vida ascética e a piedade litúrgica"[40], traduz uma dificuldade da qual os teólogos não conseguiram dar cabo completamente.

Aquilo que define a liturgia cristã é, portanto, a tentativa aporética, mas sempre reiterada, de identificar e articular coligadamente no ato litúrgico – compreendido como *opus Dei* – mistério e ministério, de fazer coincidir,

---

[38] Nicolas Cabasilas, *Explication de la divine liturgie* (orgs. Sévérien Salaville et al., Paris, Cerf, 1967), p. 130.

[39] Ver Carlo Braga e Annibale Bugnini (orgs.), *Documenta ad instaurationem liturgicam spectantia*, cit., p. 574-5.

[40] Ibidem, p. 578.

30 • Opus Dei

assim, a liturgia como ato soteriológico eficaz, e a liturgia como serviço comunitário dos clérigos, o *opus operatum*e o *opus operantis Ecclesiae*.

א Costuma-se atribuir, sobre a autoridade de Du Cange, a criação do sintagma *opus Dei* à regra beneditina, na qual este aparece algumas vezes para designar o ofício litúrgico. Na verdade, o compilador da regra depende também nesse caso de sua fonte principal, que é a *Regula magistri*. A concordância da edição Vogüé registra para a expressão *opus Dei* cerca de trinta ocorrências e mostra, portanto, que já no primeiro quarto do século VI (quando, segundo Vogüé, da *Regula magistri* teria sido composta) o sintagma havia se tornado um termo técnico para o ofício monástico. Se se trata de uma invenção do autor da regra, ela poderia derivar de sua definição do monastério como *officina divinae artis* [oficina de arte divina] ("*Officina vero monasterium est, in qua ferramenta cordis in corporis clausura reposita opus divinae artis diligenti custodia perseverando operari potest*" ["Na verdade, o monastério é a oficina, na qual a ferramenta do coração posta no recôndito do corpo pode realizar diligentemente a obra da arte divina mantendo-se vigilante"])[41]. Segundo a correspondência entre liturgia e economia trinitária que evocamos, a origem da expressão viria cercada com toda probabilidade da definição de Cristo como *primum opus Dei* [primeira obra de Deus], que se encontra, por exemplo, em um texto ariano, a carta de Cândido a Mário Vitorino sobre a geração divina (metade do século IV): "*Dei filius, qui est logos apud Deum, Jesus Christus, per quem effecta sunt omnia et sine quo nihil factum est, neque generatione a Deo, sed operatione a Deo, est primum opus et principale Dei*" ["O Filho de Deus, que é o Logos junto a Deus, Jesus Cristo, por meio de quem existem todas as coisas e sem o qual nada foi feito, não por geração de Deus, mas por operação de Deus, é a primeira e principal obra de Deus"][42]. Em todo caso, o sintagma *opus Dei*, que estendeu sua eficácia para bem além do monaquismo, adquire seu sentido próprio no contexto da liturgia, concebida como o lugar em que mistério e ministério, prestação sacerdotal e empenho comunitário tendem a coincidir. Quando hoje o sintagma vem associado a uma potente organização católica, fundada em 1928 por Josemaría Escrivá de Balaguer, cabe não esquecer que a escolha da denominação é perfeitamente coerente com essas promessas.

10. A distinção entre *opus operatum* e *opus operantis* na encíclica *Mediator Dei* provém da tradição escolástica e encontrou sua sanção no Concílio de Trento[43]: "se alguém diz que através dos sacramentos da nova lei a graça não

---

[41] Adalbert de Vogüé (org.), *La règle du maître* (Paris, Cerf, 1964), v. 1, p. 380.

[42] Vitorino, *Contra Arium*, em *Traités théologiques sur la Trinité* (orgs. Paul Henry e Pierre Hadot, Paris, Cerf, 1960), p. 122.

[43] Concílio de Trento, seção VII, can. 8, *Denz.* 851.

é conferida *ex opere operato*, mas que somente a fé na promessa de Deus é suficiente para obter a graça, *anathema sit* [seja anátema]".

Nessa formulação exprime-se um princípio que define de modo constitutivo a praxe litúrgica da Igreja: a independência da eficácia e da validade objetiva do sacramento do sujeito que o administra em concreto. *Opus operatum* designa assim o ato sacramental em sua realidade efetual, *opus operantis* (a formulação mais antiga é, na verdade, *opus operans*) designa a ação enquanto é realizada pelo agente e é qualificada por suas disposições morais e físicas.

A origem da distinção surge nas disputas sobre a validade do batismo que dividem a Igreja entre os séculos III e IV e cujo ápice será a controvérsia entre Cipriano e o pontífice Estêvão em 256 e aquela entre Agostinho e os donatistas entre 396 e 410. Em ambos os casos, trata-se de afirmar, contra Cipriano e contra os donatistas, a validade do batismo conferido por um herético ou por um ministro indigno, ou seja, assegurar a eficácia objetiva do sacramento e da ação sacerdotal para além das condições subjetivas que poderiam torná-los nulos ou ineficazes. Assim como aqueles que foram batizados por Judas, escreve Agostinho, não devem ser batizados de novo, porque foi Cristo que os batizou, "aqueles que foram batizados por um bêbado, por um homicida ou por um adúltero, se receberam o batismo cristão, foram batizados por Cristo"[44]. Como ocorre em toda instituição, trata-se de distinguir o indivíduo da função que exerce, de modo a assegurar a validade dos atos que ele realiza em nome dela.

Em Tomás, a doutrina da eficácia dos sacramentos *ex opere operato* já está completamente elaborada. Ela distingue antes de tudo os sacramentos da lei hebraica, que "não possuíam eficácia *ex opere operato*, mas só através da fé", daqueles da nova lei, "que conferem a graça *ex opere operato*"[45]. No tratado sobre os sacramentos da *Summa theologiae*[46], a neutralização do *opus operantis* e da condição subjetiva é desenvolvida através da doutrina do sacerdote como causa instrumental de um ato cujo agente primeiro é o próprio Cristo. E, assim como a "causa instrumental não age em virtude de sua própria forma, mas somente em virtude do movimento que lhe

---

[44] Agostinho, *In Evangelium Johannis Tractatus*, em Jacques-Paul Migne (org.), *Patrologiae cursus completus*, cit., XXXV, 5, 18.

[45] Tomás de Aquino, p. 92.

[46] Idem, *S. Th.*, III, qu. 60-5.

32 • Opus Dei

foi imprimido pelo agente principal"[47], "os ministros da Igreja operam os sacramentos de modo instrumental, porque as definições do ministro e do instrumento são idênticas"[48]. Por isso, enquanto o ministro é assim uma espécie de "instrumento animado"[49] de uma operação cujo agente é Cristo, não somente não é necessário que ele tenha fé ou caridade, mas também uma intenção perversa (por exemplo, batizar uma mulher com a intenção de abusar dela) não tira validade do sacramento. Em virtude da eficácia *ex opere operato* e não *ex opere operantis*, de fato, "a intenção perversa do ministro perverte, na ação sacramental, o que é obra do ministro, mas não a obra de Cristo de quem ele é ministro"[50].

א Grundmann observou que a precoce e clara formulação da doutrina do *opus operatum* que se encontra já no *De sacri altaris mysterio* [Sobre o sagrado mistério do altar], de Inocêncio III, pode ser considerada uma resposta à polêmica daqueles movimentos espirituais, como os valdenses, que colocavam em questão a validade dos sacramentos dados por sacerdotes indignos[51]. Afirma o pontífice:

> No sacramento do corpo de Cristo o sacerdote bom não realiza nada de mais e o mau nada de menos [...] porque ele se realiza não através do mérito do sacerdote, mas no verbo do criador. A indignidade do sacerdote não impede por isso o efeito do sacramento, como a enfermidade do médico não compromete o efeito da medicina. Ainda que por momentos a obra operante possa ser impura, a obra operada é, todavia, sempre pura. (*In sacramento corporis Christi nihil a bono maius, nihil a malo minus perficitur sacerdote* [...] *quia non in merito sacerdotis, sed in verbo conficitur creatoris. Non ergo sacerdotis iniquitas effectum impedit sacramenti, sicut nec infirmitas medici virtutem medicinae corrumpit. Quamvis igitur opus operans aliquando sit immundum, semper tamen opus operatum est mundum.*)[52]

11. Os tratados modernos sobre os sacramentos atribuem de modo genérico a primeira formulação da doutrina do *opus operatum* às *Sentenças*

---

[47] Ibidem, qu. 62, art. 1.

[48] Ibidem, qu. 64, art. 5.

[49] Ibidem, qu. 64, art. 8.

[50] Ibidem, qu. 64, art. 10, sol. 3.

[51] Herbert Grundmann, *Religiöse Bewegungen im Mittelalter. Untersuchungen über die geschichtlichen Zusammenhänge zwischen der Ketzerei, den Bettelorden und der religiösen Frauenbewegung im 12. und 13. Jahrhundert und über die geschichtlichen Grundlagen der deutschen Mystik* (Berlim, Ebering, 1935), p. 490.

[52] Inocêncio III, *PL*, CCXVII, c. 844.

de Pedro de Poitiers, um teólogo do século XII que, por sua sutileza, era relacionado, com Pedro Abelardo, Gilberto Porretano e Pedro Lombardo, entre os "labirintos da França". Um reconhecimento dos dois trechos da obra nos quais a distinção se revela particularmente instrutiva. A primeira articulação da doutrina não se relaciona, de fato, com a teoria dos sacramentos, mas com aquela da ação do demônio. Em seu estilo labiríntico, escreve Pedro:

> Também o diabo serve a Deus e Deus aprova as obras que ele operou, mas não aquelas por meio das quais operou [*opera eius quae operatur, non quibus operatur*]: as obras operadas, como se diz, não as obras operantes [*opera operata, ut dici solet, non opera operantia*], às quais são todas maldades, porque não provêm da caridade. Como Deus aprovou a paixão de Cristo promovida pelos judeus, enquanto obra operada dos judeus [*opus iudaeorum operatum*], mas não aprovou a obra operante dos judeus [*opera iudaeorum operantia*] e as ações com as quais estes operaram a paixão. Deus é ofendido pela ação do diabo, mas não pelo ato em si; Deus não quer que o diabo faça no modo em que o faz o que Deus lhe comanda fazer. Se se lê na Escritura que Deus manda o diabo fazer algo, como, por exemplo, no Livro dos Reis a propósito do engano de Acab [...] que não deve ser entendido que ele comanda como se o quisesse; ou seja, se quer que ele faça, não quer, porém, que o faça como o faz. Embora, de fato, o diabo faça o que Deus quer, não o faz como Deus quer e, por isso, peca sempre.[53]

Compreende-se por que, nos tratados modernos, a atribuição da doutrina do *opus operatum* a Pedro de Poitiers deveria permanecer genérica. Que a primeira formulação da distinção que devia fornecer o paradigma da prática sacramental do sacerdote fosse concebida para definir a ação do diabo no interior da economia providencial não podia não ser embaraçoso para os historiadores da teologia. É somente no livro V, a propósito da eficácia do batismo, que Pedro transfere a distinção para o âmbito da teoria dos sacramentos:

> Aquele que vem a ser batizado o é pela autoridade de alguém: ou do Cristo ou do sacerdote. Se o é pela autoridade do sacerdote e não pelo batismo de Cristo, então é o sacerdote que redime os pecados [...]. A purificação é obra de alguém, ou do batizante ou do batizado. Se é obra do batizante e é em virtude da caridade, então o mérito do batismo compete ao batizante. Do mesmo modo, ele tem o mérito da ação batismal [*baptizatione*], no sentido em que *baptizatio* se diz da ação com a qual ele batiza, que é obra diversa do batismo [*baptismus*], porque é uma obra

---

[53] Pedro de Poitiers, *Setentiae Petri Pictaviensis* (orgs. Philip S. Moore e Marthe Dulong, Notre Dame, University of Notre Dame Press, 1943-1950), p. 156.

operante [*opus operans*], enquanto o batismo é uma obra operada [*opus operatum*], se assim se pode dizer.[54]

א É importante notar que tanto Pedro de Poitiers quanto Inocêncio III falam de *opus operans* e não de *opus operantis*, como farão mais tarde os teólogos. A distinção – nisso consiste, como veremos, sua novidade – não divide o que é somente o sujeito de sua ação, mas também a ação mesma, considerada na primeira vez operação de um agente e em outra em si mesma, isto é, em sua efetualidade.

12. O que está em jogo na estratégia que leva a distinguir o *opus operatum* do *opus operans* é, neste ponto, evidente. Trata-se de separar, em uma ação, sua realidade efetual tanto do sujeito que a realiza (sem que, por isso, ele seja exonerado de toda responsabilidade com respeito a ela) quanto do processo através do qual ela se realiza. Reflita-se sobre o singular estatuto que vem assim a competir à ação sacerdotal. Esta se cinde em duas: de uma parte, o *opus operatum*, isto é, os efeitos que dela derivam e a função que ela desempenha na economia divina; de outra, o *opus operans* (ou *operantis*), isto é, as disposições e as modalidades subjetivas através das quais o agente faz existir a ação. A liturgia enquanto *opus Dei* é a efetualidade que resulta da articulação desses dois elementos distintos e, todavia, conspiradores.

Desse modo, o nexo ético entre o sujeito e sua ação se quebra: determinante não é tanto a reta intenção do agente, mas só a função que a ação desempenha enquanto *opus Dei*. Como a ação do demônio enquanto *opus operatum* é desenvolvida a serviço de Deus, também, como *opus operantis*, se resta maldosa, assim a ação litúrgica do sacerdote é eficaz como *opus Dei*, mesmo se o sacerdote indigno comete pecado. A liturgia define assim uma esfera particular de ação, na qual o paradigma mistérico da Epístola aos Hebreus (o *opus operatum* de Cristo grande sacerdote) e aquele ministerial da Epístola de Clemente (o *opus operantis Ecclesiae*) coincidem e ao mesmo tempo se distinguem. Isso pode ocorrer, porém, somente ao custo de dividir e esvaziar de sua substância pessoal a ação do sacerdote, que, enquanto "instrumento animado" de um mistério que o transcende, em realidade não age e, todavia, enquanto titular de um ministério, exerce de qualquer maneira uma ação própria. Nesse sentido, se, por um lado (com relação ao mistério e ao *opus operatum*) ele não é sujeito, mas instrumento, que, nas palavras de Tomás, "não age em virtude da própria forma", por outro (com relação a seu

---

[54] Inocêncio III, *PL*, CCXI, p. 1235.

ministério), mantém sua ação específica, como o machado, no exemplo de Tomás, "segue sua ação instrumental só exercitando sua ação específica, que é dividir e cortar"[55]. *O sacerdote, enquanto instrumento animado, é, portanto, aquele sujeito paradoxal, a quem compete o "ministério do mistério"*. Enquanto, nele, o *opus operantis* pode coincidir com o *opus operatum* somente na medida em que se distinguem e podem se distinguir somente na medida em que desaparecem nele, pode-se dizer que (na terminologia dos atos linguísticos) sua felicidade é sua infelicidade e sua infelicidade é sua felicidade.

א É significativo que a encíclica *Mediator Dei* de 1947 manifeste particular atenção ao problema da distinção entre *opus operatum* e *opus operantis Ecclesiae* e procure de todo modo minimizar o problema da sobra (*discrepantia*) que permanece entre eles. Recita o texto sob o título *Falsas oposições para rejeitar inventadas no nosso tempo*: Na vida espiritual não pode haver nenhuma discrepância ou contraposição [*discrepantia vel repugnantia*] entre a ação divina que, para perpetuar nossa redenção, infunde a graça nas almas e a obra laboriosa e colaboradora do homem [*sociam laboriosamque hominis operam*], que não deve tornar vão o dom de Deus. Portanto entre a eficácia do rito exterior dos sacramentos, que se produz *ex opere operato*, e a ação meritória daqueles que os concedem ou recebem, que denominamos *opus operantis*; igualmente, entre as orações públicas e as privadas, entre a vida ascética e a piedade litúrgica; e, enfim, entre a jurisdição e o magistério legítimo da hierarquia eclesiástica e o poder que se diz propriamente sacerdotal, que se exerce no sacro ministério.[56]
Contudo, enquanto o texto confirma várias vezes que, ao menos no que concerne aos sacramentos, a eficácia do culto se produz "sobretudo e em primeiro lugar *ex opere operato*"[57], não é claro como se deva entender a necessidade da *opus operantis Ecclesiae* que a encíclica se predispõe a afirmar.

É possível reconhecer aqui o modelo teológico daquela cisão e, ainda, cooperação, entre a atividade e a iniciativa necessária do militante político, de um lado, e as leis dialéticas da história que lhes garantem a eficácia, de outro, que assinalou permanentemente a praxe da tradição marxista.

---

[55] Tomás de Aquino, *S. Th.*, III, qu. 62, art. 1.

[56] Carlo Braga e Annibale Bugnini (orgs.), *Documenta ad instaurationem liturgicam spectantia*, cit., p. 578.

[57] Ibidem, p. 574.

Limiar

Em perfeita coerência com o significado etimológico do termo *leitourgia*, a Igreja sempre sublinhou o caráter "público" da própria liturgia. A piedade e as orações privadas dos fiéis são certamente importantes, mas estas, avisa a encíclica *Mediator Dei*, têm valor próprio na medida em que preparam para a participação no culto público, que tem seu centro na celebração eucarística[58] e, se se separam deste, são "reprováveis e estéreis"[59]. A definição da liturgia contida na encíclica exprime esse caráter público através da imagem, familiar aos historiadores da política, do "corpo místico" de Cristo, constituído da união inseparável da sociedade dos fiéis e de sua "Cabeça": "A sagrada liturgia é o culto integral e público do Corpo místico de Jesus Cristo, da Cabeça, portanto, e de seus membros"[60].

É esse significado político da Igreja enquanto assembleia litúrgica que Erik Peterson coloca no centro de seu livro de 1935 sobre os anjos. "A igreja", ele escreve, "é a assembleia dos cidadãos de pleno direito [*Vollbürger*] da cidade celeste, que se reúnem para realizar atos de culto"[61]. "O culto da Igreja celeste", lemos poucas páginas depois, "e, por isso, naturalmente também a liturgia da Igreja terrena que é conjunta com a celeste, tem uma relação original com a esfera política"[62].

A distinção e, ao mesmo tempo, a conjunção entre Igreja celeste e Igreja terrena correspondem aqui à dupla articulação entre *opus operatum* e *opus operans*, trindade imanente e trindade econômica que vimos definir a liturgia. A liturgia realiza a comunidade política entre Igreja celeste e Igreja terrena e, ainda, a unidade de trindade imanente e trindade econômica em uma praxe sacramental. Mas, exatamente por isso, é constitutivamente marcada por uma duplicidade. Na medida em que exprime a operação interna da própria vida divina, a atividade econômica do Cristo "*leitourgo*" e sacerdote e de seu corpo místico não pode senão ser eficaz *ex opere operato*. E

---

[58] Carlo Braga e Annibale Bugnini (orgs.), *Documenta ad instaurationem liturgicam spectantia*, cit., p. 578.

[59] Ibidem, p. 576.

[60] Ibidem, p. 571.

[61] Erik Peterson, *Das Buch von den Engeln. Stellung und Bedeutung der heiligen Engel im Kultus* (Würzburg, Echter, 1994), p. 198.

[62] Ibidem, p. 202.

todavia, na medida em que ela define a praxe da igreja como comunidade política, não pode haver liturgia sem o *opus operans* de seus membros. "A obra da redenção", estabelece a encíclica, "que em si é algo não dependente da nossa vontade, precisa do esforço [*nisus*] interior de nosso ânimo a fim de que possamos conseguir a salvação eterna"[63].

Definindo desse modo a particular operatividade de sua prática pública, a Igreja inventou o paradigma de uma atividade humana cuja eficácia não depende do sujeito que a põe em obra e que necessita dele, contudo, como de um "instrumento animado" para realizar-se e tornar-se efetiva. O mistério litúrgico, enquanto alcança nele sua realização o mistério da economia trinitária, é o mistério dessa praxe e dessa operatividade.

---

[63] Carlo Braga e Annibale Bugnini (orgs.), *Documenta ad instaurationem liturgicam spectantia*, cit., p. 576.

2.
DO MISTÉRIO AO EFEITO

1. O termo "mistério" está no centro de uma reflexão sobre a liturgia que marcou profundamente a consciência que a Igreja tem hoje de sua atividade. Trata-se da obra de Odo Casel (1886-1948), um monge beneditino da abadia renana de Maria Laach que foi um dos principais inspiradores daquele que seria definido mais tarde como "Movimento Litúrgico" (*liturgische Bewegung*). Já Ildefons Herwegen, nomeado abade de Maria Laach em 1914, havia imediatamente dado vida a uma releitura das fontes da tradição litúrgica, que a partir de 1918 se expressa na publicação de duas séries com o significativo título *Liturgiegeschichtliche Quellen und Forschungen* [Fontes e pesquisas da história da liturgia] e *Ecclesia orans* [Igreja que ora]. Em 1921, Casel acrescenta a essas duas publicações o *Jahrbuch für Liturgiewissenschaft* [Anuário de Ciência Litúrgica], que se propõe um estudo sistemático e ao mesmo tempo histórico do culto da Igreja. Nos vinte anos que durou sua publicação, o *Jahrbuch* tornou-se, através de uma quantidade imponente de estudos filológico-lexicais e teológicos, o órgão do que foi com razão definido, no título de uma monografia dedicada a Maria Laach, como uma "renovação da Igreja a partir do espírito da liturgia"[64]. Na perspectiva de Casel e seus seguidores, a liturgia deixa de ser o cumprimento de um rito que possuía alhures – na fé e na teologia dogmática – seu sentido e torna-se o *locus theologicus* por excelência, o único a partir do qual a Igreja pode encontrar sua vida e sua realidade. Segundo Casel:

---

[64] Birgit Jeggle-Merz, *Erneuerung der Kirche aus dem Geist der Liturgie. Der Pastoralliturgiker Athanasius Wintersig – Ludwig A. Winterswyl* (Münster, Aschendorff, 1998).

40 • Opus Dei

O cristianismo não é só uma "religião" ou uma "confissão" no sentido moderno desses termos, e, assim, um sistema de verdades estabelecidas mais ou menos dogmaticamente, que se aceitam e se professam, nem um conjunto de imperativos morais que se observam ou, pelo menos, se reconhecem. Certamente o cristianismo é estas coisas: é tanto um conjunto de verdades como uma lei moral. Mas isso não exaure sua essência.[65]

O cristianismo – tal é a tese que resume o pensamento de Casel – é essencialmente "mistério", ou seja, uma ação litúrgica que a cada vez torna presente em forma ritual a prática salvífica de Cristo e, entrando em contato com ela, a comunidade cultual pode obter a salvação. Ademais, é contra a dessacralização e a racionalização do mundo que define a idade moderna que Casel empreende sua reivindicação do mistério.

א Afirmando com força a centralidade da ação mistérica na realidade da Igreja, Casel (e, com ele, o Movimento Litúrgico) parece referir-se implicitamente ao antigo axioma que, na tradução da Igreja, sancionava o primado da liturgia sobre a fé: *legem credendi statuat lex supplicandi* [a lei da súplica estabelece a lei da fé] (ou, em forma abreviada, *lex orandi – lex credendi* [lei da oração – lei da fé]). Como foi escrito, para Casel "as autênticas tradições litúrgicas não são somente uma entre outras fontes para o conhecimento da fé, mas a fonte e o testemunho central da vitalidade da fé e de toda liturgia"[66]. E não é certamente por acaso se, no imponente trabalho filológico de sua escola, a análise dos textos litúrgicos e dos sacramentários tenha privilégio sobre a da Escritura e dos textos teológicos em sentido estrito. A liturgia prevalece sobre a doutrina exatamente como, nos movimentos políticos contemporâneos, a ênfase é dada antes à prática que à teoria. Dado o sucesso da tese do Movimento Litúrgico no interior da Igreja, não surpreende que em sua encíclica Pio XII dedique uma passagem importante à refutação de sua radicalização. Mesmo sublinhando com força a importância vital das práticas litúrgicas, o princípio segundo o qual a norma da liturgia decide a da fé vem pontualmente invertido: "A liturgia sacra não estabelece nem constitui de modo absoluto e por sua própria força a fé católica [...] se quiséssemos exprimir e determinar de modo absoluto e geral a relação que intercorre entre a fé e a sagrada liturgia, deveríamos dizer em bom direito: a lei da fé estabelece a lei da oração [*lex credendi legem statuat supplicandi*]"[67]. E, todavia, o que o pontífice tem em mente é, como sugere a rubrica do capítulo em questão, uma "estreitíssima conexão entre liturgia e dogma" (*arcta connexio liturgiae et dogmatis*)[68], na qual a liturgia "pode

---

[65] Odo Casel, *Das christliche Kultmysterium* (Regensburg, Puset, 1932, 1960), p. 35.

[66] Edward J. Kilmartin, *Christian Liturgy. Theology and Practice* (Kansas City, Sheed & Ward, 1988), p. 96-7.

[67] Carlo Braga e Annibale Bugnini (orgs.), *Documenta ad instaurationem liturgicam spectantia*, cit., p. 581.

[68] Ibidem, p. 580.

Do mistério ao efeito • 41

fornecer argumentos e testemunhos de grande importância para decidir os pontos fundamentais da doutrina cristã"[69].

2. Os primeiros vinte anos do século XX foram definidos com razão como "a era dos movimentos". Não somente os partidos cedem o lugar aos movimentos (assim como o movimento operário, o fascismo e o nazismo também se definem como "movimentos"), tanto à direita quanto à esquerda do ordenamento político, mas também nas artes, nas ciências e em todo o âmbito da vida social os movimentos substituem a tal ponto as escolas e as instituições que é praticamente impossível fornecer uma lista exaustiva (é significativo que, em 1914, quando Freud buscou um nome para sua escola, tenha decidido ao fim por "movimento psicanalítico").

Característica comum aos movimentos é uma decidida tomada de distância com relação ao contexto histórico no qual se produzem e à visão de mundo da época e da cultura à qual se contrapõem. Nesse sentido, também o movimento litúrgico participa dessa reação contra o individualismo humanista e a racionalização do mundo que definem muitos movimentos que se seguiram à Primeira Guerra Mundial. A leitura do primeiro capítulo do livro-manifesto de Casel, *Das christliche Kultmysterium* [O mistério do culto cristão] (1932), intitulado "O retorno ao mistério", é, desse ponto de vista, particularmente instrutiva. Nosso tempo, escreve Casel, está assistindo ao ocaso do individualismo e do humanismo, que, despojando a natureza e o mundo do divino, acreditaram ter dissipado para sempre a obscuridade do mistério. Desse modo, através da ruína do humanismo racionalista, nosso tempo reabriu "a via do retorno ao mistério"[70]. O mundo "é de novo um campo de ação de forças divinas" e o "mistério divino está de novo diante de nossos olhos"[71]. Com uma alusão apenas velada ao que estava acontecendo naqueles anos na esfera profana e, em particular, à redescoberta dos cerimoniais e das liturgias no âmbito político, Casel pode assim escrever: "Até mesmo o mundo que está fora do cristianismo e fora da Igreja está hoje à procura do mistério e se constrói um novo rito no qual o homem

---

[69] Ibidem, p. 581.

[70] Odo Casel, *Das christliche Kultmysterium*, cit., p. 30.

[71] Idem.

42 • Opus Dei

tributa a si mesmo um culto. Mas desse modo o mundo não pode alcançar a realidade divina"[72].

3. A estratégia de Casel já está claramente articulada na dissertação discutida em 1918 na Universidade de Bonn com August Brinkmann: *De philosophorum Graecorum silentio mystico* [Sobre o silêncio místico dos filósofos gregos]. Sob a aparência de uma pesquisa puramente histórico-filológica, encontramos aqui já enunciadas as duas teses que guiarão seus trabalhos posteriores.

A primeira, que constitui o tema da dissertação, é que os mistérios pagãos (eleusinos, órficos e herméticos) não deveriam ser vistos como uma doutrina secreta, a qual se pode enunciar em palavras, mas não se pode revelar. Tal significado do termo "mistério" é, segundo Casel, tardio e deriva do influxo das escolas neopitagóricas e neoplatônicas. Na origem, "mistério" designa uma praxe, os *drōmena*, os gestos e os atos pelos quais uma ação divina se realiza no tempo e no mundo para a salvação dos homens: "*silentium mysticum non qualecumque theologiam, sed actiones ritusque sacros texisse*" ["O silêncio místico não urdiu uma teologia qualquer, mas ações e rito sacros"][73].

A segunda tese, que conclui a dissertação em forma de pergunta, é, na realidade, uma declaração programática:

A filosofia grega cessou, mas não está morta. Portanto, é possível perguntar se os cristãos retomaram e recolocaram em uso a doutrina mistérica grega e que influxo ela exerceu não somente sobre sua filosofia e sua teologia, mas também no culto sacro e em seus preceitos morais (em particular entre os monges). Desse argumento proponho-me a tratar em outro lugar [*qua de re alio loco erit agendum*].[74]

Pode-se dizer que toda a obra posterior de Casel seja a paciente, metódica e obstinada realização desse programa, que, por uma série imponente de estudos lexicais e histórico-filológicos, procuram demonstrar a conexão da liturgia sacramental cristã com os mistérios pagãos e a natureza essencialmente "mistérica" do culto cristão.

א A tentativa de pôr de qualquer modo em relação os mistérios pagãos e a liturgia cristã já está presente implicitamente, na verdade, no gesto com que Clemente Alexandrino opõe os "mistérios do *logos*" (*tou logou ta mystēria*) aos mistérios pa-

---

[72] Ibidem, p. 33.

[73] Idem, *De philosophorum Graecorum silentio mystico* (Giessen, Töpelmann, 1919), p. 19.

[74] Ibidem, p. 158.

gãos[75]. De todo modo, entre o fim do século XIX e o primeiro decênio do século XX, os historiadores da religião, de Usener a Dieterich, de Reitzenstein a Wilhelm Bousset, haviam observado e documentado para além de qualquer dúvida o nexo evidente entre a experiência salvífica que está em questão nos mistérios pagãos e a mensagem cristã. Que a reivindicação desse nexo proviesse agora de um mosteiro beneditino e se difundisse no interior da Igreja explica tanto o novo significado que ela assume na teologia do século XX quanto as polêmicas que acompanham sua difusão. Ainda em 1944, três anos antes que a cúria tomasse posição sobre a tese do Movimento Litúrgico com a encíclica *Mediator Dei*, um teólogo jesuíta, Hugo Rahner, em uma conferência sobre *Os mistérios pagãos e os mistérios cristãos* podia escrever que "o argumento é objeto ainda hoje de furiosa discussão"[76].

A doutrina de Casel pode ser vista como a tentativa de construir uma genealogia não judaica da liturgia cristã (que, de fato, como mostram as pesquisas de Werner, sabemos, ao contrário, por muitos aspectos derivar diretamente da liturgia da sinagoga). "O judaísmo", ele não se cansa de repetir, "não conhecia mistérios [...] a religião hebraica da lei não era mística; onde aparecem ideias místicas, como nos profetas, estas não se referem ao culto. Um autêntico conceito de mistério encontra-se somente no helenismo"[77]. Nesse sentido é possível que a tomada de distância da genealogia judaica contivesse, dado seu contexto histórico, inconscientes implicações antissemitas (que o autor, para dizer a verdade, não parece ter nunca explicitado).

4. A tese da derivação da liturgia cristã dos mistérios pagãos e tardo-antigos deu lugar a intermináveis discussões entre os teólogos e os historiadores da liturgia. As pesquisas lexicais de Casel e de seus alunos sobre a história semântica (que eles chamam de "filologia teológica") dos termos *mysterium*, *sacramentum*, *leitourgia* demonstram que havia certamente nos Padres, já entre os séculos IV e V, uma clara consciência do significado que esses termos possuíam no contexto pagão. Quanto à derivação do termo latino *sacramentum* do juramento clássico, que, na figura do voto, implicava uma consagração e nesse sentido estava presente nas iniciações mistéricas, as polêmicas, já acesas durante a vida de Casel, continuaram depois de sua morte.

---

[75] Clemente Alexandrino, *Protr.*, 12.

[76] Hugo Rahner, "Das christliche Mysterium und die heidnischen Mysterien", *Eranos Jahrbuch*, Zurique, Rhein-Verlag, n. 11, 1944, e em Joseph Campbell (org.), *Pagan and Christian Mysteries. Papers from the Eranos Year-books* (Nova York, Harper & Row, 1963), p. 152.

[77] Odo Casel, "Das Mysteriengedächtnis im Lichte der Tradition", *Jahrbuch für Liturgiewissenschaft*, Münster, Aschendorff, n. 6, 1926, p. 140.

44 • Opus Dei

O debate sobre a "filologia teológica" se arrisca, contudo, a ocultar um problema mais essencial, que não concerne tanto ao problema da continuidade entre mistérios pagãos e mistérios cristãos, mas àquele da natureza mesma do mistério litúrgico. Se quisermos compreender o que Casel entende por mistério, devemos indagar a função que este desempenha em sua estratégia argumentativa. Assim, o que há, para Casel, na definição do cristianismo como "mistério"? Por que a conexão genealógica com os mistérios pagãos é, para ele, tão determinante?

Mistério significa, para Casel, essencialmente "ação cultual". Definir o cristianismo como mistério equivale, antes de tudo, a afirmar que a Igreja não é simplesmente uma comunidade de crentes, definida pelo compartilhar de uma doutrina cristalizada em um conjunto de dogmas. A Igreja se define antes pela participação mistérica na ação cultual. "Assim como a economia da salvação não compreende somente as doutrinas, mas sobretudo as ações salvíficas de Cristo, assim também a Igreja conduz a humanidade à salvação não somente através da palavra, mas através das ações sacras"[78].

> A redenção de Cristo deve por isso realizar-se em nós. O que pode advir não através de uma simples "aplicação", diante da qual permaneceremos em atitude passiva, nem através de uma "justificação" que viria só da fé, nem através de uma outorga da graça de Cristo que para receber devemos somente eliminar os obstáculos entrepostos. É necessária uma vital e ativa participação na obra redentora de Cristo, participação que é *passiva*, na medida em que é o Senhor que opera em nós, e *ativa*, na medida em que estamos ativamente presentes com nossa ação. À obra de Deus em nós (*opus operatum*) deve corresponder nosso cooperar, realizado com a ajuda da graça de Deus.[79]

Isso significa, se olharmos atentamente, que a Igreja é algo como uma comunidade política (Casel se serve da expressão "comunidade cultual"), que se realiza plenamente só no cumprimento de uma ação especial, que é a liturgia. Evocando o significado político original do termo *leitourgia*, Casel afirma que os dois termos "mistério" e "liturgia" significam a mesma coisa, mas de dois pontos de vista diversos:

> "mistério" significa a essência íntima da ação sacra, isto é, a obra redentora proveniente do Senhor glorioso através dos ritos sacros por ele instituídos; "liturgia", de acordo com seu significado etimológico de "obra do povo"

---

[78] Idem, *Das christliche Kultmysterium*, cit., p. 32.

[79] Ibidem, p. 41-2.

Do mistério ao efeito • 45

e "serviço", indica mais particularmente a ação da Igreja em união com a obra salvífica de Cristo.[80]

Em outro texto, ele precisa que "Mistério significa a ação divina [*göttliche Tat*] na Igreja, ou seja, os fatos objetivos [*objektive Tatsachen*], que advêm em e para uma comunidade [*Gemeinschaft*] e encontram assim uma expressão supraindividual no serviço comunitário [*Gemeinschaftsdienste*]"[81]. Essa ação divina está efetualmente presente na ação litúrgica, que se define então como "a execução [*Vollzug*] ritual da obra redentora de Cristo na Igreja e através dela, isto é, a presença da ação divina de salvação [*die Gegenwart göttlicher Heilstat*] sob o véu do símbolo"[82].

א A centralidade do caráter pragmático do mistério litúrgico é afirmada com força em um dos primeiros textos publicados por Casel no *Jahrbuch für Liturgiewissenschaft*, "'Actio' in liturgischer Verwendung" ["'Actio' no uso litúrgico"], que é particularmente importante porque permite pôr o problema da relação entre liturgia e direito. Por meio da análise de uma fórmula contida nos mais antigos sacramentários e ainda no missal romano, Casel mostra que o nome da celebração eucarística era originalmente *actio*, "ação". Casel menciona nesse ponto a opinião de Baumstark, segundo a qual o uso litúrgico do termo derivaria do direito romano, em que *actio* designava aquela forma eminente do agir que é a *legis actio*, isto é, o juízo[83]. *Actio* significava aqui a particular eficácia performativa da pronúncia de uma fórmula ritual (e do gesto que a acompanhava), que, na forma mais antiga do processo, a *legis actio sacramenti*, compreendia também a prestação de um juramento. Embora Honório de Autun já houvesse notado a analogia entre o processo e a missa, escrevendo que "o cânone é chamado ainda *actio*, porque nele tem lugar a causa entre o povo e Deus [*quia causa populi in eo cum deo agitur*]"[84], Casel abandona a tese de Baumstark para sugerir que o uso litúrgico do termo *actio* seria antes para se colocar em relação com a terminologia sacrificial romana, em que *agere* e *facere* designavam a praxe sacrificial.

A designação do cânone como *actio* prova que, na época de sua origem, estava viva ainda a antiga e puramente litúrgica concepção da *eucharistia* como oferta sacrificial. Ela fornece também um indício importante para a avaliação da antiga liturgia cristã, cujo conteúdo não era um silencioso

---

[80] Ibidem, p. 75.

[81] Idem, "Mysteriengegenwart", *Jahrbuch für Liturgiewissenschaft*, Münster, Aschendorff, n. 8, 1928, p. 146.

[82] Ibidem, p. 145.

[83] Anton Baumstark, *Liturgia romana e liturgia dell'Esarcato. Il rito detto in seguito patriarchino e le origini del Canon missae romano* (Roma, Pustet, 1904), p. 38-9.

[84] Honório de Autun, *PL*, CLXXII, c. 577.

46 • Opus Dei

aprofundar, e cujo objeto não era uma abstrata doutrina teológica, mas um agir, um ato [*Handlung, Tat*].[85]

Preocupado como sempre em sublinhar o caráter prático da liturgia, Casel não percebe que a analogia com a *legis actio* teria permitido compreender a natureza particular da ação litúrgica. A eficácia *ex opere operato* que a define corresponde pontualmente à eficácia performativa da pronúncia da fórmula na *actio*, que realizava imediatamente as consequências jurídicas contidas na declaração (*uti lingua nuncupassit, ita ius esto*). Tanto no direito quanto na liturgia, está em questão o particular regime performativo da eficácia de uma *actio*, que se trata precisamente de definir.

℘ Uma negação análoga da evidente proximidade entre efetualidade litúrgica e direito está no ensaio de Walter Dürig sobre o conceito de penhor na liturgia romana. O termo *pignus*, que no direito romano designa o objeto que o devedor consigna em plena posse ao credor como garantia do pagamento, é transposto nos textos litúrgicos em referência à cruz, às relíquias dos santos e, em particular, à eucaristia, definida como "penhor da redenção". Assim como o penhor constitui nas mãos do credor uma concreta antecipação da prestação futura, também a cruz e a eucaristia antecipam a presença da realidade escatológica. O problema não é tanto se na base dos textos eucarísticos sobre *pignus* haja ao menos uma relação jurídica (o que Dürig pretende exatamente negar)[86], mas aquele da evidente analogia estrutural entre âmbito jurídico e âmbito litúrgico.

5. Se a verdadeira realidade da Igreja é o mistério litúrgico e se este se define pela presença eficaz da ação redentora divina, compreender a natureza da liturgia significará compreender a natureza e os modos dessa presença. A esse problema decisivo, que aparece em filigrana em todos os seus escritos, Casel dedicou um ensaio específico, que se intitula precisamente *Mysteriengegenwart*, "presença mistérica".

O termo "presença mistérica" é, segundo Casel, uma tautologia, porque "a presença pertence à essência do mistério"[87]. Ele define "o núcleo mais próprio da liturgia cristã", que não é outro senão a presentificação (*repraesentatio* no sentido literal de "tornar novamente presente") da *Heilstat*, da ação

---

[85] Odo Casel, "'Actio' in liturgischer Verwendung", *Jahrbuch für Liturgiewissenschaft*, Münster, Aschendorff, n. 1, 1921, p. 39.

[86] Walter Dürig, "Der Begriff 'pignus' in der Liturgie", *Tübinger theologische Quartalschrift*, Tübingen, Schwabenverlag, n. 129, 1949, p. 398.

[87] Odo Casel, "Mysteriengegenwart", cit., p. 145.

salvífica de Cristo e, portanto, antes de tudo, do próprio Cristo. Casel cita a esse propósito o trecho do *De mysteriis*, de Ambrósio, no qual essa presença é afirmada como tal: "Deves crer que lá (no sacramento) a divindade está presente. Se crês na operação, como pois não crer na presença? De onde viria a operação, se não a precedesse a presença [*Unde sequeretur operatio, nisi praecederet praesentia*]?"[88].

A presença em questão no mistério não é, entretanto, a presença histórica de Jesus no Gólgota, mas uma presença de tipo particular, que concerne unicamente à ação redentora de Cristo (e, por conseguinte, Cristo enquanto redentor). Cristo apareceu, de fato, à Igreja em uma dúplice figura: "como o homem histórico Jesus, cuja divindade era ainda velada [...] e como o *kyrios Christos*, que através de sua paixão foi eternamente transfigurado junto do Pai"[89]. Presentes, no mistério litúrgico, estão "somente as ações que Cristo realizou como redentor, não as meras circunstâncias históricas, que para a *oikonomia* são privadas de valor"[90]. Isso significa que, no sacrifício eucarístico, "Cristo não morre novamente em sentido histórico-real; antes sua ação salvífica se torna sacramentalmente, *in mysterio, in sacramento*, presente e, desse modo, acessível àqueles que buscam a salvação"[91].

Resta que, para Casel, essa presença é, todavia, efetiva (*wirklich*) e não simplesmente eficaz (*wirksam*)[92]. Comentando o dito agostiniano: "*Semel immolatus est in semetipso Christus, et tamen quotidie immolatur in sacramento*" ["Cristo foi imolado uma única vez e, não obstante, é imolado diariamente no sacramento"], ele escreve que, se a *immolatio* que ocorre no altar não é real, mas sacramental, todavia e justamente por isso "ela não é mera representação [*Darstellung*] – nesse caso não seria um sacramento –, mas uma efetualidade sob o sinal [*Wirklichkeit unter dem Zeichen*]. Em uma palavra, *sacramentum, mysterium*"[93].

Por isso, segundo Casel, o protestantismo, que nega que o sacrifício de Cristo seja efetualmente presente na eucaristia, destrói "a força mais própria

---

[88] Ambrósio, *De myst.*, 8, p. 159-60.

[89] Odo Casel, "Mysteriengegenwart", cit., p. 155.

[90] Ibidem, p. 174.

[91] Idem.

[92] Ibidem, p. 159.

[93] Ibidem, p. 182.

48 • Opus Dei

da liturgia católica, que é a de ser o mistério objetivo e pleno de efetualidade [*wirklichkeitserfülltes*] da ação salvífica de Cristo"[94].

6. Para explicar a singular modalidade da presença que ele define como *Mysteriengegenwart*, Casel se refere no ensaio à tradição da patrística oriental, de Cirilo de Jerusalém a João Crisóstomo, que interpretam essa presença em sentido pneumático. Presente nos mistérios está "o Pneuma de Cristo ou, mais precisamente, o Senhor pneumático", que através deles age constantemente na Igreja[95]. Uma terminologia espiritual similar, que tem seu lugar e seu sentido próprio na teologia trinitária, não diz nada, todavia, quanto ao modo da presença mistérica, isto é, ao que podemos definir como uma "ontologia do mistério". Os Padres latinos e a escolástica haviam dado expressão terminológica a esse problema por meio de um vocábulo particular, que designa o modo da presença e da operatividade de Cristo nos sacramentos. Trata-se do termo *effectus*. É com a história semântica desse termo na liturgia cristã que devemos, portanto, nos medir.

No fim do ensaio sobre a *Mysteriengegenwart*, o termo faz sua aparição em um ponto crucial, que concerne à interpretação da doutrina eucarística de Tomás. A propósito da *immolatio* que tem lugar na eucaristia, Tomás distingue, de fato, dois modos ou sentidos nos quais esse termo é dito. No primeiro sentido, trata-se de uma imagem que representa a paixão de Cristo ("*imago quaedam* [...] *repraesentativa passionis Christi, quae est vera eius immolatio*" ["certa imagem [...] representativa da paixão de Cristo, que é a sua verdadeira imolação"]); no segundo, ao contrário, o termo designa o *effectus* da paixão de Cristo, "isto é, o fato de que, por meio desse sacramento, somos feitos [*efficimur*] partícipes do fruto da paixão do Senhor"[96]. Casel cita outros trechos da *Summa* nos quais o termo *effectus* designa a realidade efetual do sacramento, considerada seja com respeito à representação ("*id ex quo habet effectum, scilicet et ipse Christus contentus et passio eius repraesentata*" ["aquilo que o torna efetivo, ou seja, o próprio Cristo nele contido e sua paixão nele representada"]) seja com respeito ao uso e ao escopo do sacramento ("*id per quod habet effectum, scilicet usus sacramenti*" ["Aquilo mediante o

---

[94] Ibidem, p. 200.

[95] Ibidem, p. 162.

[96] Tomás de Aquino, *S. Th.*, III, qu. 83, art. 1; ver Odo Casel, "Mysteriengegenwart", cit., p. 181.

que ele se torna efetivo, isto é, o uso do sacramento"])[97]. O termo *effectus* denomina, segundo Casel, essa unidade efetual de imagem e presença no mistério litúrgico, no qual a presença é real em sua operatividade, ou seja, enquanto *Heilstat*, ação salvífica:

> A presença mistérica significa uma presença real, mas de uma realidade de tipo especial. Uma realidade, na medida em que corresponde unicamente ao escopo do sacramento, que é o de permitir aos fiéis participar, para sua salvação, da vida de Cristo como salvador.[98]

Em um breve mas denso ensaio sobre *Orações romanas*, publicado no *Jahrbuch* três anos depois, Casel retorna ao conceito de *effectus* para confirmar que este não significa eficácia (*Wirkung*), mas efetualidade (*Wirklichkeit*). Nessa perspectiva, ele analisa uma série de teses, dentre as quais se destaca um trecho de um sermão de Leão Magno, que lhe fornece o documento essencial de sua argumentação:

> Era necessário que o que havia sido prometido em um mistério figurado [*figurato promissa mysterio*] fosse cumprido em uma efetividade manifesta [*manifesto implerentur effectu*], que o verdadeiro cordeiro abolisse o cordeiro significado [*ovem significativam ovis vera removeret*], e que a variedade das vítimas fosse levada ao cumprimento através de um só sacrifício [...]. A fim de que as sombras cedessem ao corpo e as imagens diminuíssem sob a presença da verdade, a antiga observância é abolida pelo novo sacramento, a vítima transpassa em vítima e a festividade legal se cumpre no instante mesmo em que se transforma.[99]

Que nesse trecho *effectus* não designe simplesmente a *Wirkung*, os efeitos da graça produzidos pelo rito sacramental, mas também e antes de tudo a *Wirklichkeit*, a realidade em sua plenitude efetual, parece difícil de negar. "*Effectus*", conclui Casel, "não significa aqui o efeito [*Wirkung*], mas a plena efetualidade [*die volle Wirklichkeit*] em oposição à incompleta e exterior aparência"[100]; ele é o correspondente invisível da ação exterior, na qual "tudo o que aqui era representado simbolicamente se torna realidade, mas uma

---

[97] Ibidem, p. 184.

[98] Ibidem, p. 191.

[99] Odo Casel, "Beiträge zu römischen Orationen", *Jahrbuch für Liturgiewissenschaft*, Münster, Aschendorff, n. 11, 1931, p. 38.

[100] Ibidem, p. 38.

50 • Opus Dei

realidade de espécie invisível e pneumática, que pode pois tornar-se ainda produtiva dos efeitos de graça"[101].

Reflita-se, contudo, sobre o caráter peculiar dessa "realidade" mistérica, que não coincide nem com a presença do Cristo histórico em carne e osso (*sicut corpus in loco*) nem com sua simples representação simbólica, como em um teatro. O mistério litúrgico não se limita a representar a paixão de Cristo, mas, representando-a, realiza seus efeitos, de maneira que se pode dizer que a presença de Cristo coincide nele integralmente com sua efetualidade; mas isso implica, como veremos, uma transformação da ontologia, na qual substancialidade e eficácia parecem se identificar.

‫א‬ Definindo desse modo a efetividade do sacrifício cristão, Casel retoma a doutrina escolástica da diferença entre os sacramentos da *vetus lex* [lei antiga], que possuíam caráter puramente cerimonial e profético e não produziam um efeito salvífico, e os instituídos por Cristo, que, levando a cumprimento o que os *sacra* judaicos se limitavam a anunciar, realizam performativamente o que figuram (*efficiunt quod figurant*). Casel fala, a esse propósito, de uma "imagem plena de efetualidade" (*wirklichkeitgefülltes Bild*). Nesse sentido, seus trabalhos sobre a liturgia podem ser comparados às pesquisas sobre a imagem como realidade vivente ou *Pathosformel* carregada de eficácia que naqueles mesmos anos vinham conduzindo, em âmbitos diversos, Ludwig Klages e Aby Warburg.

7. Walter Diezinger dedicou ao termo *effectus* na liturgia católica uma monografia que, mesmo se apresentando como uma investigação de semântica histórica, anuncia no prefácio "uma *Auseinandersetzung* [debate] com a doutrina dos mistérios de Odo Casel"[102], que concerne precisamente ao artigo supracitado. Diezinger percorre novamente os textos citados por Casel e lê, ao lado destes, uma ampla série de documentos litúrgicos, para mostrar que se em alguns, como na passagem citada de Leão Magno, o significado de *Wirklichkeit* parece indubitável, em outros em questão parece ser primeiramente algo como uma *Wirkung*.

A monografia de Diezinger mostra em todo caso que o termo *effectus* – seja qual for seu exato significado – desempenha nos textos litúrgicos uma função absolutamente central, que se trata precisamente de compreender. O debate sobre a polissemia do termo *effectus* deixa de fato na sombra uma

---

[101] Ibidem, p. 45.

[102] Walter Diezinger, *Effectus in der römischen Liturgie. Eine kultsprachliche Untersuchung* (Bonn, Hanstein, 1961), p. 9.

questão decisiva, e esta é se, justamente na oscilação semântica entre "efeito" e "efetualidade", não se esconde porventura uma transformação que, para além da história semântica de um termo, concerne antes à história da ontologia, a modalidade mesma do ser que o termo procura nominar. A oposição entre *Wirkung* e *Wirklichkeit*, efeito e efetualidade, não é, assim, somente semântica (os dois termos partilham do mesmo tema e da mesma etimologia), mas ontológica. Antes, talvez não se trate de uma oposição, mas de uma indeterminação, que corresponde a uma mutação decisiva da própria conceitualidade da ontologia. Enquanto no vocabulário da ontologia clássica o ser e a substância são considerados independentemente dos efeitos que possam produzir, na efetualidade o ser é inseparável de seus efeitos, ela denomina o ser na medida em que é efetual, produz certos efeitos e, ao mesmo tempo, é determinado por eles. A efetualidade é, portanto, a nova dimensão ontológica que se afirma primeiro em âmbito litúrgico para depois estender-se progressivamente até coincidir na modernidade com o ser enquanto tal.

Compreender o significado de *effectus* nos textos litúrgicos significará por conseguinte confrontar-se com uma transformação na concepção do ser que nos concerne de perto. Porque talvez não tenhamos hoje outra representação do ser que não seja a efetualidade e é essa dimensão que está em questão tanto em termos como *Wirklichkeit*, *realitas*, "realidade", quanto na definição do *Dasein* no § 9 de *Ser e tempo** como o ente "em que a essência jaz [*liegt*] na existência".

8. Uma apuração das ocorrências do termo *effectus* no *Thesaurus linguae latinae* [Tesouro da língua latina] revela-se, nessa perspectiva, particularmente instrutiva. Diferentemente do verbo *efficio*, do qual deriva etimologicamente, o termo *effectus* surge em latim relativamente tarde (cerca de 45 a.C.). Mas até as primeiras ocorrências (em Cícero e Varrão), justamente a oscilação semântica entre efeito e efetualidade revela-se indício de uma mutação que concerne às mesmas categorias ontológicas através das quais se concebe a realidade. Ao contrário de Diezinger, que procurava com todo o cuidado manter distintos *Wirkung* e *Wirklichkeit*, os compiladores do verbete advertem, de fato, que é impossível separar com certeza o significado de

---

* 7. ed., Bragança Paulista/Petrópolis, Editora Universitária São Francisco/Vozes, 2012. (N. E.)

52 • Opus Dei

efetualidade (*actus efficiendi*) daquele do efeito de um ato (*actus fructus*): "*et est saepe in arbitrio interpretantis singulos locos, utram significationem potius accipiat*" ["com frequência depende do arbítrio de quem interpreta passagens individuais qual dentre dois significados é o mais aceitável"].

Sejam as duas primeiras acepções registradas no *Thesaurus*, à primeira vista, banais. A primeira é a afirmação de Cícero, segundo a qual "*effectus eloquentiae audientium approbatio*"[103]. Não significa "o efeito da eloquência é a aprovação dos ouvintes", que seria um truísmo, mas, como resulta inequivocamente do contexto, "a realidade, a efetualidade da eloquência reside na aprovação dos ouvintes" (isto é, no efeito que ela suscita). Cícero tem assim em mente algo, um modo de ser, no qual realidade e efeito são indiscerníveis.

A segunda ocorrência é em Varrão[104]. Varrão observa que, na comparação dos vocábulos, não se deve guardar só o que eles possuem de similar na forma ("*quid habeat in figura simile*"), mas também "*in eo quem habeat effectum*", que não significa tanto "o efeito que eles têm", mas antes (como está implícito no exemplo que se segue) "a efetividade de seu uso".

Que *effectus* não designe simplesmente o efeito, mas uma modalidade especial do ser de algo, é evidente no sintagma *esse in effectu*, que se encontra com frequência a partir de Cícero. Particularmente significativo nessa perspectiva é um trecho[105] no qual as ações injustas (*peccata*) são distintas segundo seu ser *in effectu* (como maltratar os pais ou profanar os templos) ou seu ser *sine effectu* (como estar triste ou experimentar um desejo erótico – *in libidine esse*). Também aqui a tradução "ter ou não ter efeitos" seria claramente insuficiente: está em questão o estatuto ontológico do ato, a efetualidade plena ou carente que lhe compete, segundo se trate de uma ação ou de um estado.

O significado propriamente ontológico do termo *effectus* se esclarece posteriormente em uma série de trechos em que ele exprime uma declinação particular da *energeia* aristotélica em sua relação com a *dynamis*. Nesse sentido, o termo aparece no comentário de Calcídio ao *Timeu*, a propósito da definição da matéria. A matéria (*silva*, como a denomina Calcídio) é por natureza privada de qualidades e determinações formais (*sine qualitate ac*

---

[103] Cícero, *Tusc.*, 2, 3.

[104] Varrão, *On the Latin Language* (org. Roland G. Kent, Londres/Cambridge (Mass.), Heinemann/Harvard University Press, 1967), 9, 39.

[105] Cícero, *De fin.*, 3, 32.

sine figura et sine specie) e, todavia, não se dá nunca se não é acompanhada destas. E assim como podemos retirar-lhe com o pensamento essas qualidades sem as quais ela não existe, do mesmo modo podemos atribuir-lhe sua posse "*non effectu sed possibilitate* [não o efeito, mas a possibilidade]"[106]. O *effectus* se opõe aqui à possibilidade, mas não exatamente como em Aristóteles a *energeia* se opõe a *dynamis*. Calcídio tem o cuidado, na verdade, de precisar que a possibilidade ou potência deve ser aqui entendida não no sentido no qual se diz que a semente contém em si a potência da planta, mas naquele em que se diz ter uma potência o bronze, na medida em que pode se tornar estátua pela operação de um agente externo (*extrinsecus*). *Effectus* nomeia, portanto, não simplesmente o ser-em-obra (a *energeia*), mas a operação que realiza de fora uma potência e se torna, nesse sentido, efetual.

Entende-se assim por que Quintiliano, em um texto que devia exercer uma influência não desprezível sobre os autores cristãos, pode distinguir entre artes *in actu* (ou *in agendo*), como a dança, que tem em si seu fim e, terminado o ato, não deixa nenhuma obra ("*nihilque post actum operis relinquit*"), e artes *in effectu*, como a pintura, que atinge seu fim em uma obra ("*operis* [...] *consummatione finem accipit*")[107]. Mais que a distinção aristotélica entre a *praxis*, que tem em si seu *telos*, e a *poiēsis*, que tem um fim externo (distinção que estaria aqui fora do lugar, porque para Aristóteles uma *technē – ars –* não pode de nenhuma maneira ser definida como prática: "*anankē tēn technēn poiēseōs all'ou praxeōs einai*")[108], está em questão aqui o diverso estatuto ontológico, o diverso modo da presença que compete às duas espécies de arte. Enquanto a *energeia* da dança é da ordem do *actus* (*in actu posita*), a da pintura é da ordem do *effectus*, no qual a operação se torna efetual, se dá realidade e consistência em um *opus*, considerado, porém, não em si mesmo, mas primeiramente como *effectus* de um *operatio*.

Por isso Ambrósio, retomando no *Exameron*, a propósito da criação divina do mundo (provavelmente pela mediação de Basílio), o trecho de Quintiliano, desenvolve-o em seu vocabulário já plenamente litúrgico, distinguindo entre *artes actuosae*, "que consistem só no movimento do corpo ou no som

---

[106] Calcídio, *Platonis Timaeus interprete Chalcidio cum eiusdem commentatio* (org. Johannes Wrobel, Lipsiae, Teubneri, 1876), p. 337.

[107] Quintiliano, *Inst. or.*, II, 18, 1-2.

[108] Aristóteles, *Eth. Nic.*, 1140a 17 [ed. bras.: *Ética a Nicômaco*, 3. ed., Bauru, Edipro, 2009].

da voz" e nas quais nada resta depois da operação, e aquelas outras, como a arquitetura e a tecelagem, nas quais *"cessante quoque operationis officio, operis munus adpareat* [...] *ut operatori operis sui testimonium suffragetur"* ["quando cessa a ação do ofício, aparece o resultado dela [...] para que o realizador da obra seja confirmado por seu testemunho"][109]. Só aparentemente Ambrósio parece ter em mira aqui um primado da obra. O sintagma *operis munus* – não a obra, mas o resultado da obra – posto em correspondência com a *operationis officium*, a ação concebida como um "ofício" e o remetimento ao operador mostram que ele se move, na verdade, em uma dimensão ontológica que não tem mais nada a ver com aquela de Aristóteles. Não estão em questão o modo de ser e a permanência de uma forma e de uma substância (de um ser que, em termos aristotélicos, "é aquilo que era"), mas um deslocamento do ser na esfera da praxe, na qual o ser é aquilo que faz, é sua própria operatividade.

É significativo que, nesse modo, a própria criação divina seja apresentada pelo vocabulário do *officium* e do *munus*. A obra, que era em Aristóteles o paradigma do ser, não é aqui senão a prova e o efeito de um operar (*"est enim hic mundus divinae specimen operationis, quia dum opus videtur, praefertur operator"* ["Este mundo de fato é um exemplo da operação divina, porque, aparecendo a obra, ganha evidência o operador]"). O estatuto ontológico do ato litúrgico, do *opus Dei*, no qual ser e praxe, efetualidade e efeito, operação e obra, *opus operantum* e *opus operans* se entrelaçam inseparavelmente, tem aqui seu obscuro precursor.

א Na realidade, o paradigma de ação que está em questão aqui é bastante próximo daquele que se assemelha ao das *artes actuosae*, como a dança e o teatro. Em uma passagem de *De finibus*, que contém talvez a mais precisa definição de efetualidade, Cícero, comparando o *officium* da sabedoria aos gestos e movimentos do ator e do dançarino, escreve que, nestes, "o fim, isto é, a efetuação da arte não deve ser procurada fora, mas nela mesma [*in ipsa insit, non foris petatur extremum, id est artis effectio*]"[110]. O fim não é aqui uma obra externa (como na *poiēsis*) nem mesmo coincide, como poderia parecer à primeira vista, com a própria ação (como na *praxis*). Ele coincide, de fato, com o ato apenas na medida em que este é a efetuação (*effectio*) de uma arte. Decisivo aqui é que fornecer um novo paradigma ontológico-prático seja uma operação artística especial (a teatral e coreográfica), que não esteja em questão, assim, um paradigma ético, mas um paradigma técnico particular. Enquanto Aristóteles via realmente a obra (*ergon*) como *telos* da *poiēsis* do artesão ou

---

[109] Ambrósio, *Exameron*, I, 5, 17 [ed. bras.: *Examerão*, São Paulo, Paulus, 2009, Patrística 26].

[110] Cícero, *De fin.*, 3, 7, 24.

Do mistério ao efeito • 55

do artista, aqui, por meio do paradigma das artes performativas, como a dança e o teatro, que são por definição sem obra, o *telos* não é mais a obra, mas a *artis effectio*.

9. É a partir dessa constelação semântica que, nos autores cristãos, vai progressivamente se elaborando um paradigma ontológico no qual os caracteres decisivos do ser não são mais a *energeia* e a *entelecheia*, mas a efetualidade e o efeito. E é nessa perspectiva que se deve observar o surgimento nos Padres, em torno da metade do século III, dos termos *efficacia* e *efficientia*, estreitamente ligados a *effectus* e usados em sentido técnico para traduzir (e trair) o grego *energeia*. Rufino pode assim escrever: "*aliud est possibilitatem esse in aliquo, aliud efficaciam vel efficientiam, quos Graeci* dynamin *et* energeian *vocat*" ["Uma coisa é haver a possibilidade em algo, outra coisa é a eficácia ou eficiência, as quais o grego chama de *dynamis* e *energeia*"][111]. Que Rufino entenda com esses termos simplesmente a efetualidade fica provado para além de qualquer dúvida pelas passagens sucessivas, em que *efficacia* e *efficientia* são glosados "*hoc est re ipsa atque effectu*" ["isto é, a coisa mesma e o efeito"] e se dá um exemplo na operação do ferreiro ou daquele que "*effectu operis agit*", isto é, torna efetiva sua operação (literalmente, "age com a efetualidade da obra, com sua 'operatividade'"). A coisa e a operação, consideradas inseparavelmente em sua efetualidade e em sua função: eis a nova dimensão ontológica que substitui a *energeia* aristotélica. E é interessante notar que, antes de encontrar sua tradução canônica como *potentia-actualitas*, a dupla *dynamis-energeia* foi expressa pelos Padres latinos como *possibilitas-efficacia* (*effectus*).

Uma glosa do adjetivo *efficax* exprime com clareza a esfera semântica que está aqui em questão: "*efficax dicitur quasi effectum capiens*" ["dizer-se eficaz é como pegar efeito"][112]. Eficaz não é tanto o que produz um efeito quanto o que "toma efeito", dá-se efetualidade – isto é, existe no modo do *effectus*. É nesse sentido que Jerônimo, na Vulgata de Hb 4,12, traduz o *energēs* do texto com *efficax*: "*vivus est enim sermo Dei et efficax et penetrabilior omni gladio*" ["pois a palavra dita por Deus é viva e eficaz e mais penetrante que toda e qualquer espada"]. E que a efetualidade implique, como já o *effectus* em Calcídio, uma operação divina ou humana e não simplesmente um processo natural imanente, é evidente naquelas passagens em que o termo

---

[111] Rufino, *Orig. in Rom.*, 8, 2, 1162c.
[112] *Gramm.*, supl. 74, 23.

56 • Opus Dei

efficientia é contraposto a *natura*: "*sit* [...] *in eo efficientia potius quam natura sapientiae*" ["há [...] nele eficiência mais do que sabedoria natural"] [113].

É em Agostinho que encontramos sancionada com perfeita consciência a pertinência do *effectus* para a esfera da ontologia: "*posse in natura, velle in arbitrio, esse in effectu*" ["o poder na natureza, o querer no arbítrio, o ser no efeito"][114]. Detenhamo-nos nessa tríplice afirmação, que parece ter quase a forma de um teorema, mas que, restituída ao seu contexto, permite entender e quase seguir de perto a transformação da ontologia que se está desenvolvendo em âmbito cristão. A frase não é de Agostinho, mas pertence a uma citação de Pelágio, de quem Agostinho explana a opinião para refutá-la. "Nós", escreve Pelágio em sua apaixonada defesa da possibilidade humana de não pecar, "distinguimos e articulamos segundo uma ordem certa estas três coisas: em primeiro lugar o poder [*posse*], em segundo o querer [*velle*], em terceiro lugar o ser [*esse*]; e colocamos o poder na natureza, o querer no livre-arbítrio, o ser na efetualidade [*esse in effectu*]". É evidente que em Pelágio os três elementos articulam ainda uma gradação ontológica no sentido aristotélico, que corresponde à passagem do modo de ser da potência (*posse*, que, segundo Pelágio, pertence exclusivamente a Deus), através da vontade (*velle*), para o ato (*esse*, que significativamente tem aqui seu lugar na efetualidade, *in effectu*). Mas, quando Agostinho recapitula a tese de seu adversário, a conceitualidade ontológica cede seu posto a uma conceitualidade prática, no interior da qual *esse* é agora sinônimo de "agir": "*Nam cum* [*Pelagius*] *tria distinguat* [...] *possibilitatem, voluntatem, actionem*" ["Pois, embora Pelágio distinga três coisas... possibilidade, vontade, ação"][115].

Mede-se aqui com clareza a mutação do paradigma ontológico que é já um fato completo: o ser coincide sem resíduos com a efetualidade, *no sentido em que não é simplesmente, mas deve ser efetuado e realizado*. Decisiva não é tanto a *opera* como estável demora na presença, mas a *operatividade*, entendida como um limiar no qual ser e agir, potência e ato, operação e obra, eficácia e efeito, *Wirkung* e *Wirklichkeit* entram em tensão recíproca e tendem a se tornar indecidíveis. Essa tensão e essa indecidibilidade de-

---

[113] Hil., *In Math.*, 11, 2.

[114] Agostinho, *De gratia Christi et de peccato originali contra Pelagium et Celestinum*, em Jacques-Paul Migne (org.), *Patrologiae cursus completus*, cit., XLIV, 4, 5.

[115] Idem.

finem o mistério litúrgico que a Igreja reconhece como sua competência mais própria e mais alta.

א Nada ilustra melhor do que o uso paulino dos termos *energeō* e *energeia* o novo significado que estes estão conquistando e conquistam sempre com maior clareza na literatura cristã. Enquanto *energeia* e *dynamis* em Aristóteles designam um diverso e correlato modo de existir e de estar presente ("A *energeia* é o existir de uma coisa [*esti dē energeia to yparchein to pragma*], mas não no sentido em que dizemos que ela existe em potência")[116], em Paulo (e em seus tradutores latinos) *energeia* indica não um modo de ser, e sim a efetuação de uma potência, a operação pela qual ela recebe realidade e produz determinados efeitos. Nessa perspectiva, Deus é definido duas vezes como o princípio que torna toda coisa efetiva e real ("*ho theos ho energōn ta panta en pasin*": 1Cor 12,4) e que tornou efetiva a "potência de sua força" no Cristo ("*kata tēn energeian tou kratous tēs ischyos, hēn enērgēsen en tōi Christōi*": Ef 1,19-20). Particularmente significativo é, nesse sentido, o uso frequente do sintagma "*kata tēn energeian tēs dynameōs*", "segundo a operatividade da potência" (Ef 1,20; 3,7; 4,16; Fl 3,21). E não surpreende que, em todos esses casos, Jerônimo se sirva em sua tradução dos termos *operare* ("*qui operatur omnia in omnibus*" ["o qual opera tudo em todos"]) e *operatio* ("*secundum operationem potentiae*" ["segundo a operação da força"]).

10. O lugar em que a ontologia da efetualidade encontra sua expressão completa é a teoria do sacramento como sinal, elaborada pela escolástica a partir de Berengário de Tours e Hugo de São Vítor até Tomás. Segundo essa teoria, o que define os sacramentos é ser, ao mesmo tempo, sinal e causa daquilo de que são sinal. Não surpreende que, para caracterizar essa especial performatividade do sacramento, os teólogos recorram ao vocabulário da efetualidade. "O sacramento", lê-se em uma anônima *Summa sententiarum* [Suma das sentenças] do século XIII, "não é só sinal de uma coisa sacra, mas é também eficácia"; outrossim, segundo a fórmula que Tomás cita como canônica, os sacramentos *efficiunt quod figurant*, isto é, efetuam o que significam.

O paradigma dessa efetualidade do sacramento é a performatividade da palavra de Cristo que está no centro da liturgia eucarística. Fundamentais, nesse sentido, são dois trechos de Ambrósio em que o verbo de Cristo é definido por seu caráter efetual ou operativo (Ambrósio cunhava com esse escopo o adjetivo *operatorius*, que não se encontra antes dele)[117], e essa efe-

---

[116] Aristóteles, *Met.*, 1048a 32 [ed. bras.: *Metafísica*, São Paulo, Loyola, 2001].

[117] Ver Jean Pépin, *Théologie cosmique et théologie chrétienne* (Paris, PUF, 1964), p. 333.

tualidade da palavra define por sua vez a performatividade do sacramento. No primeiro trecho, Ambrósio, citando Hb 4,12, traduz com o adjetivo *operatorius* a *energēs* com que o autor da carta definia a palavra de Deus: "*Sed non sermo noster operatur, solum est verbum Dei, quod nec prolativum est, nec quod* endiatheton *dicunt: sed quod operatur et vivit et sanat. Vis scire quale verbum? Audi dicentem: 'vivum est enim verbum Dei et validum atque operatorium et acutum*" ["Não é a palavra dita por nós que é feita, mas unicamente a palavra de Deus, que não é a palavra proferida nem a que se denomina *endiatheton* [imanente/implícita]: mas a que é feita e vive e cura. Queres saber que palavra é? Ouves o que está dito: 'pois a palavra de Deus é viva e válida e operativa e cortante'"][118]. No segundo trecho, o caráter "operatório" da palavra de Cristo é evocado para explicar a eficácia da fórmula da consagração eucarística:

> *Quis est sermo Christi? Nempe is, quo facta sunt omnia. Iussit dominus, factum est caelum; iussit dominus, facta est terra; iussit dominus, facta sunt maria; iussit dominus, omnis creatura generata est. Vides ergo quam operatorius sermo sit Christi. Si ergo tanta vis est in sermone domini Iesu, ut inciperent esse quae non erant, tanto magis operatorius est, ut sint, quae erant et in aliud commutentur.* ["Quem é a palavra dita por Cristo? Evidentemente aquele pelo qual todas as coisas foram feitas. O Senhor ordenou e o céu foi feito; o Senhor ordenou e a terra foi feita; o Senhor ordenou e os mares foram feitos; o Senhor ordenou e todas as criaturas foram geradas. Vedes, portanto, como é operativa a palavra dita por Cristo. Portanto, se há tanta força na palavra falada pelo Senhor Jesus, a ponto de dar início a coisas que não existiam, tanto mais operativa é para transformar em outra coisa as que são o que eram."][119]

A efetualidade da ação litúrgica coincide aqui com a performatividade da palavra de Cristo. E é singular que o que a linguística moderna define como o caráter estrutural dos verbos performativos torne-se plenamente inteligível no plano da ontologia efetual que está em questão na liturgia sacramental (e desta provavelmente derive). Que as palavras ajam, realizando seu significado, implica que o ser que elas atuam é puramente efetual.

11. O caráter decisivo da nova ontologia efetual é, nesse sentido, a operatividade, da qual testemunham a formação do adjetivo *operatorius* por parte de Ambrósio e, ainda antes, a maciça difusão do termo *operatio*

---

[118] Ambrósio, *De fide*, 4, p. 7; *PL*, XVI, c. 631.

[119] Idem, *De sacr.*, 4, 15.

(extremamente raro no latim clássico, com sete ocorrências ao todo registradas no *Thesaurus*) nos autores cristãos. O latim clássico conhecia o adjetivo *operativus* para designar a eficácia de um fármaco; que o neologismo *operatorius* adquira agora em Ambrósio um significado ontológico é evidente, além dos dois trechos apenas citados sobre o Verbo Divino, no exórdio do *Exameron*, que enuncia uma inédita tese de história da filosofia: "outros [...] como Aristóteles [...] puseram dois princípios, a matéria e a forma e com estes, como terceiro, aquilo que se chama o operativo, a que compete a operação efetiva" (*"dua principia ponerent, materiem et speciem et tertium cum his, quod operatorium dicitur, cui suppeteret [...] efficere"*)[120].

Não está claro a que conceito aristotélico Ambrósio se refere, mas é certo que o *operatorium* designa aqui um terceiro entre a matéria e a forma e, portanto, entre a potência e o ato. É nesse sentido que tanto Ambrósio quanto, depois dele, Agostinho e Isidoro usam algumas vezes a expressão *operatoria virtus* (ou *operatoria potentia*) referida à potência divina. Os estudiosos se perguntaram qual equivalente grego Ambrósio poderia ter em mente para seu neologismo: *energētikon*, como sugere Albert Blaise, ou, como acredita Jean Pépin, *poiētikon* (que se encontra, nesse sentido, em Fílon, no sintagma *poiētikē dynamis*)[121]. Em todo caso, tanto a referência a Aristóteles quanto a aproximação com a potência mostram que Ambrósio tem em mente uma dimensão ontológica que não é simplesmente potencial nem somente atual, mas é antes uma *operatoria virtus*, ou seja, uma potência que dá realidade a si através de sua própria operação.

É nessa perspectiva que cabe considerar a difusão do vocábulo *operatio* na terminologia patrística. Particularmente significativa é sua ocorrência na teologia trinitária, na qual esta designa o Logos como operação interna do ser divino. Escreve Mário Vitorino:

> O ser é o Pai, o operar é o Logos. O ser mesmo possui em seu interior uma íntima operação [*habet quidem ipsum quod est esse intus insitam operationem*]; sem o movimento, de fato, isto é, sem operação, que vida e que inteligência poderia ser? [...] Quando a operação se manifesta, então é chamada operação e é conservada e é realmente uma autogeração. Assim, o operar tem também o ser mesmo [*sic igitur id ipsum quod est operari et ipsum esse habet*],

---

[120] *Ex.*, 1, 1, 1.

[121] Jean Pépin, *Théologie cosmique et théologie chrétienne*, cit., p. 338-9.

60 • Opus Dei

ou melhor, não o tem: o mesmo operar é, de fato, o ser, ao mesmo tempo e simplesmente [*ipsum enim operari esse est, simul et simplex*].[122]

Nesse trecho extraordinário, o novo paradigma ontológico encontra sua formulação talvez mais densa: o ser contém em seu interior uma operação, é essa operação e, ao mesmo tempo, distingue-se dela, como o Filho se distingue e, ao mesmo tempo, é indiscernível do Pai. Não é o ser e agir, mas *ipsum enim operari esse est*, a operatividade mesma é ser e o ser é em si mesmo operativo.

א Significativo é, nessa perspectiva, que o termo *operatio* se tecnicize para designar a operatividade da ação litúrgica, distinta do simples *opus* no qual ela se materializa. Assim, Ambrósio pode escrever a propósito do batismo: "Uma coisa é a obra, outra coisa é a operação [*aliud opus, aliud operatio*]; a obra pertence à água, a operação ao espírito santo"[123]. Enquanto a ontologia clássica enfatizava antes a obra que a operação que a produz, é a superioridade da operação sobre a obra que define o novo paradigma ontológico. Contemporaneamente, o próprio termo *operatio* se especializa para significar a operatividade da economia trinitária. Na carta citada do ariano Cândido a Mário Vitorino, Jesus Cristo provém de Deus "não por geração, mas por operação [*neque generatione a deo, sed operatione a deo*]" e "é no Pai e o Pai é nele segundo a operação [*secundum operationem et in patre est ipse et in ipso pater est*]"[124]. No mesmo sentido, o Filho é definido por Cândido como *effectus* e *opus* da vontade do Pai.

Certamente a ortodoxia antiariana insistirá, ao contrário, na tese de que o Filho coincide com a própria vontade do Pai e, por isso, não se pode dizer "efetuado" (*effectum*) por ela; todavia, para além da diferença que separa as duas doutrinas, é significativo que, em ambos os casos, a ontologia pressuposta é uma ontologia energético-operativa, na qual o ser divino se hipostasia, isto é, realiza-se no Filho.

12. A contribuição mais original de Tomás à doutrina da efetualidade sacramental diz respeito ao conceito de causa. A tradição aristotélica distinguia quatro espécies de causas: final, eficiente, formal e material. A estas, para explicar a eficácia especial dos sacramentos, Tomás acrescenta a quinta, que se apresenta, na verdade, como uma especificação da causa eficiente e que ele define como "causa instrumental" (*causa* ou *agens instrumentale*).

O que define a causa instrumental é sua dúplice ação, na medida em que age segundo sua natureza só enquanto é movida por um agente principal,

---

[122] Vitorino, *Contra Arium*, cit., p. 196.

[123] Ambrósio, *De sacr.*, 1, 15.

[124] Vitorino, *Contra Arium*, cit., p. 122.

que a usa como instrumento. "Deve-se dizer que o instrumento tem dupla ação: uma instrumental, segundo a qual ele age não por virtude própria, mas pela do agente principal [*non in virtute propria, sed in virtute principalis agentis*] e outra própria, que lhe compete enquanto é instrumento da arte"[125]. As duas ações, embora distintas, coincidem perfeitamente: "[O machado] realiza a ação instrumental só exercendo a própria: é, de fato, dividindo que ele faz a cama [*scindendo enim facit lectum*]"[126].

É nesse modo que Deus se serve dos sacramentos: "O agente principal da justificação é Deus, que em si não precisaria de instrumentos; mas, por congruência com o homem que deve ser justificado [...] ele se serve dos sacramentos como instrumentos de justificação"[127]. E causa instrumental é tanto o sacramento (como a água batismal, que, "lavando o corpo, segundo sua virtude própria, lava a alma enquanto é instrumento da virtude divina")[128] quanto o sacerdote que administra o sacramento ("*eadem ratio est ministri et sacramenti*")[129].

Pode surpreender que Tomás tenha podido pensar o mistério da ação litúrgica através do recurso a uma categoria humilde e cotidiana. Mas é propriamente o paradigma da instrumentalidade (isto é, de algo cuja ação própria é sempre também ação alheia) que permite a Tomás definir a natureza efetual dos sacramentos, enquanto "sinais que efetuam o que significam".

> A causa principal não pode ser considerada sinal de seu efeito [*signum effectus*], ainda que este fosse oculto e a causa sensível e manifesta. A causa instrumental, ao contrário, se é manifesta, pode ser definida como sinal de um efeito oculto [*signum effectus occulti*], enquanto ela não é só causa, mas também de qualquer modo efeito, na medida em que é movida pelo agente principal. Nesse sentido, os sacramentos da nova lei são concomitantemente causas e sinais. Disso vem que, como se diz comumente, eles "efetuam aquilo que significam" [*efficiunt quod figurant*].[130]

Reflita-se sobre a natureza paradoxal dessa causa que é ao mesmo tempo efeito e que somente e precisamente como efeito realiza sua ação principal

---

[125] Tomás de Aquino, *S. Th.*, III, qu. 62, art. 1.

[126] Idem.

[127] Ibidem, IV, p. 32.

[128] Ibidem, III, qu. 62, art. 1.

[129] Ibidem, III, qu. 64, art. 1.

[130] Ibidem, III, qu. 62, art. 1, sol. 1.

(a justificação). A causa instrumental não é, portanto, uma simples especificação da causa eficiente aristotélica, mas um elemento novo, que subverte a própria distinção de causa e efeito sobre a qual se funda a quadripartição aristotélica. No horizonte de uma ontologia integralmente operativa e efetual, a causa é causa enquanto é efeito e o efeito é efeito enquanto é causa.

13. É esse caráter instrumental do sacerdote enquanto ministro dos sacramentos que permite compreender em que sentido os teólogos podem definir a função sacerdotal como um "fazer as vezes de Cristo" (*sacerdotes vicem gerunt Christi*)[131] ou "agir na pessoa de Cristo" ("*sacerdos novae legis in persona ipsius* [*Christi*] *operatur*")[132].

Não se trata aqui tanto de uma figura de representação jurídica, mas, por assim dizer, de uma vicariedade constitutiva, que atenta à natureza ontológica do sacerdócio e o torna indiferente às qualidades acidentais do indivíduo que exerce o ministério.

> A definição do ministro e a do instrumento são idênticas [...]. O instrumento não age segundo a própria forma, mas segundo a virtude daquele por quem é movido. Portanto, ao instrumento, além do que é necessário para constituí-lo como instrumento, pode pertencer de modo acidental qualquer forma ou virtude, assim como é indiferente que o corpo do médico, que é instrumento de uma alma que possui a arte médica, seja saudável ou doente ou que o tubo por onde passa a água seja de prata ou de chumbo. Por isso os ministros da Igreja podem conferir os sacramentos mesmo que sejam maus.[133]

O termo "fazer as vezes" é aqui tomado ao pé da letra: não há um lugar originário da prática sacerdotal, mas esta é sempre constitutivamente "vez", é sempre algo de "fato" e de "agido" e jamais substância. Aquele em "vez" do qual a função é desempenhada faz as vezes de outro e propriamente essa vicariedade constitutiva define a "função". *Não somente "funcionar" implica sempre uma alteridade em cujo nome a "função" é desempenhada, mas o ser mesmo que é aqui em questão é fictício e funcional, remete, assim, toda vez a uma praxe que o define e realiza.*

---

[131] Guilherme Durando, *Rationale divinorum officiorum*, cit., v. 1, p. 169.

[132] Tomás de Aquino, *S. Th.*, III, qu. 22, art. 4.

[133] Ibidem, III, qu. 64, art. 5.

Através do paradigma da vicariedade e da causa instrumental, é introduzido na ética o princípio, que encontrará ampla aplicação no direito público, segundo o qual o caráter moral ou físico de um agente é indiferente para a validade e a efetualidade de sua ação. "Aquele que busca os sacramentos, recebe o sacramento do ministro da Igreja, não enquanto ele, como pessoa, é desse ou daquele modo, mas enquanto é ministro da Igreja [*non in quantum est talis persona, sed in quantum est Ecclesiae minister*]"[134]. A distinção entre *opus operans*, que pode ser impuro (*aliquando immundum*), e o *opus operatum*, que *semper est mundum* [sempre é puro][135] tem aqui seu fundamento. Mas, desse modo, a ação se torna indiferente ao sujeito que a realiza e o sujeito indiferente à qualidade ética de sua ação.

14. Se retornamos agora à tese de Casel da qual partimos, não podemos senão registrar sua exatidão: *effectus* na linguagem litúrgica significa *Wirklichkeit*, um modo eminente da realidade e da presença. Esse modo da presença é, todavia, indiscernível de seus efeitos e de sua realização – é, no sentido que vimos, operatividade e praxe. Nessa perspectiva, é a essência mesma do mistério litúrgico que se esclarece: o mistério é o efeito, misteriosa é a efetualidade, enquanto nesta o ser se resolve em praxe e a praxe se substancializa em ser. *O mistério da liturgia coincide, assim, integralmente com o mistério da operatividade.* Em conformidade com a indeterminação de potência e ato, de ser e praxe, que está aqui em questão, essa coincidência é operativa, no sentido de que nela se realiza uma transformação decisiva na história da ontologia: a passagem da *energeia* para a efetualidade.

Nessa dimensão ontológica ainda adquire clareza o nexo entre *mysterium* e *oikonomia* que define a trindade: há um mistério litúrgico porque há uma economia do ser divino. Nas palavras de um teólogo moderno, a liturgia não é o terceiro nível do mistério, depois do mistério da economia intradivina e daquele da economia histórica: o mistério litúrgico é a unidade indissolúvel dos dois primeiros[136]. A celebração sacramental não faz senão comemorar e a cada vez tornar novamente *efetual* a economia divina. *Há uma oikonomia – isto é, uma operatividade – do ser divino: esse e não outro é o mistério.*

---

[134] Ibidem, III, art. 6.

[135] Guilherme Durando, *Rationale divinorum officiorum*, cit., v. 1, p. 245.

[136] Edward J. Kilmartin, *Christian Liturgy*, cit., p. 196-7.

64 • Opus Dei

Pode-se dizer agora que estaria em jogo, tanto na concepção da trindade como economia quanto na da liturgia como mistério, a constituição de uma ontologia do *effectus*, na qual potência e ato, ser e agir são distintos e, ao mesmo tempo, articulados através de um limiar de indiscernibilidade. Em que medida essa ontologia efetual, que substituiu progressivamente a ontologia clássica, está na raiz de nossa concepção do ser – em que medida não dispomos hoje de outra experiência do ser que não seja a operatividade: esta é a hipótese com que nenhuma pesquisa genealógica sobre a modernidade poderá deixar de confrontar-se.

15. Tentemos traduzir esse novo paradigma ontológico na conceitualidade da ontologia clássica. Talvez em nenhuma parte a mutação que ela sofre seja tão evidente como no filósofo que, por meio de sua atividade de tradutor, deu a conhecer o *órganon* aristotélico aos latinos: Boécio. É a ele que se deve, entre outros, a tradução de *ousia* por *substantia*, que transmitiu à Idade Média a concepção substancialista do ser como "aquilo que está abaixo" dos acidentes. Mas leiamos a passagem do *Contra Eutychen*, na qual ele procura definir o significado do termo *substantia* (que, nesse tratado, corresponde primeiramente ao termo *hypostasis*). "Está abaixo [*substat*]", escreve Boécio, "o que fornece de baixo [*subministrat*] aos outros acidentes um sujeito [*subiectum*], a fim de que se tornem capazes de ser [*ut esse valeant*]; sustenta-lhe [*sub illis enim stat*], de fato, enquanto subjaz aos acidentes [*subiectum est accidentibus*]"[137].

Não somente a substância é aqui, com toda a evidência, uma operação que torna os acidentes capazes de ser (*minister* e *ministrare* – do qual deriva *subministrare* – pertencem já plenamente, na época de Boécio, ao vocabulário técnico da liturgia), mas também o ser, que eles alcançam através da substância, é algo de operativo, que resulta daquela operação. E é no mesmo sentido que, pouco antes, Boécio pôde escrever que "as *subsistentiae* nos universais são [*sint*], nos particulares, ao contrário, tomam substância [*capiant substantiam*]"[138]: a substância é algo que se "toma" e efetua e não um ser independente de sua efetuação. Comentando essa singular expressão, que não tem correspondentes nos originais gregos dos quais Boécio busca

---

[137] Boécio, *Contra Eutychen*, p. 88.

[138] Ibidem, p. 86.

sua terminologia, de Libera escreve que "o termo *substantia*, como o verbo *substare*, significa para Boécio uma propriedade. *Capere substantiam* significa adquirir a propriedade de operar ocultamente de modo a permitir a algo servir de sujeito aos acidentes"[139]. Não se trata de uma propriedade, em realidade, mas de uma operatividade interna do ser, pelo qual este, que nos universais simplesmente é, realiza-se e torna-se efetivo nos entes singulares.

O *Contra Eutychen* é um tratado sobre a teologia trinitária, e a transformação semântica da primeira categoria aristotélica é lida em conexão com a doutrina das três hipóstases da única substância divina que estava sendo imposta na Igreja a partir de Atanásio. Dörrie mostrou que em Atanásio "hipóstase" não significa mais uma realidade (*Realität*), mas uma realização (*Realisierung*), na qual uma mesma essência se manifesta e se torna efetiva em três aspectos ou, como se dirá mais tarde, pessoas[140]. E é desse significado operativo do termo "substância", no qual o ato de realizar e de tornar efetivo permanece em primeiro plano, que os teólogos se serviram para interpretar a passagem da Epístola aos Hebreus (11,1), em que a fé é definida como "substância das coisas esperadas" (*sperandarum substantia rerum, elpizomenōn hypostasis*). "Porque as coisas na esperança são sem substância [*anypostata*] – escreve João Crisóstomo – a fé oferece a essa substância [*hypostasin autois charizetai*]"[141]; e Aimon de Auxerre escreverá no mesmo sentido: "*Resurrectio generalis necdum facta est et cum necdum sit in substantia, spes facit subsistere in anima nostra*" ["A ressurreição geral ainda não foi feita e, embora não exista em substância, a esperança faz com que ela subsista em nossa alma"][142]: o ser não é, mas faz-se e realiza-se; é, em todo caso, o resultado de uma prática, da qual a fé é o operador: segundo a formulação citada de Mário Vitorino, na fé o operar mesmo é ser. A fé cristã é uma mobilização da ontologia, na qual está em questão a transformação do ser em operatividade.

---

[139] Alain de Libera, *L'art des généralités. Théories de l'abstraction* (Paris, Aubier, 1999), p. 185.

[140] Heinrich Dörrie, "Hypostasis. Wort- und Bedeutungsgeschichte", *Nachrichten der Akademie der Wissenschaften in Göttingen. Philologisch-Historische Klasse.* Göttingen, Vandenhoeck & Ruprecht, n. 3, 1955; e *Platonica minora* (Munique, Fink, 1976), p. 60.

[141] Citado em ibidem, p. 63.

[142] Citado em ibidem, p. 61.

66 • Opus Dei

16. No paradigma da operatividade atinge seu cume um processo que, ainda que em forma latente, estava presente desde o início na ontologia ocidental: a tendência a reduzir ou, pelo menos, a indeterminar o ser no agir. Nesse sentido, a distinção potência-ato é, em Aristóteles, certamente ontológica (*dynamis* e *energeia* são "dois modos em que o ser se diz"): todavia, pelo fato mesmo de introduzir uma cisão no ser e afirmar depois o primado da *energeia* sobre a *dynamis*, ela contém implicitamente uma orientação do ser em direção à operatividade. Essa distinção constitui o núcleo originário da ontologia da efetualidade, cuja própria terminologia toma forma, como vimos, através de uma tradução do termo *energeia*. O ser é algo que deve ser realizado e posto-em-obra: esse é o caráter decisivo que o platonismo e a teologia cristã desenvolveram, a partir de Aristóteles, mas em uma perspectiva certamente não aristotélica.

O lugar e o momento que a ontologia clássica inicia tal processo de transformação que conduzirá à ontologia cristã e moderna é a teoria das hipóstases em Plotino (que, por meio de Mário Vitorino, exercerá uma influência decisiva sobre a doutrina trinitária de Agostinho). Uma função essencial é transformada aqui pelo próprio termo *hypostasis*. Dörrie mostrou, como vimos, que esse termo, que nos tratados hipocráticos significa ainda "sedimento, depósito", já no neoplatonismo e depois nos autores cristãos adquire um significado ativo e designa a realização de um princípio transcendental; significa, assim, não *Realität*, mas *Realisierung*. Quanto mais o Uno se faz transcendente, tanto mais deve dar-se realidade através das três hipóstases, que constituíram o modelo lógico da trindade cristã[143]. Mas isso significa que a ontologia é concebida fundamentalmente como uma realização e um processo hipostático de posição-em-obra*, no qual as categorias

---

[143] François Picavet, "Hypostases plotiniennes et Trinité chrétienne", *Annuaire de l'École Pratique des Hautes Études. Section des Sciences Religieuses*, 1917-1918, *passim*.

* A expressão original aqui empregada é *messa-in-opera*, que já havia aparecido na epígrafe de Martin Heidegger. Se, para traduzir *mettere-in-opera* e *messo-in-opera*, *pôr-em-obra* e *posto-em-obra* pareciam naturais, o mesmo não podia ser dito para *messa-in-opera*, que designa o ato ou o efeito de *meter, pôr, colocar em obra*, ou melhor, a *ação de pôr* chegada a seu termo. Pensamos em traduzir *messa-in-opera* por *posta--em-obra*; entretanto, a hesitação inicial foi substituída pela opção *posição-em-obra* na medida em que *posição* figura em vocábulos símiles, tais como *composição*, para *compor*, *deposição*, para *depor*, *disposição*, para *dispor*, *imposição*, para *impor*, *oposição*, para *opor*, *sobreposição*, para *sobrepor*. (N. T.)

Do mistério ao efeito • 67

da ontologia clássica (ser e praxe, potência e ato) tendem a se indeterminar e o conceito de vontade assumirá, como veremos, uma função central.

O operador dessa indeterminação é, em Plotino, o termo *hoion* ("quase, por assim dizer"), cujo significado estratégico aparece com evidência no trecho das *Enéadas* no qual a vontade de superar a dualidade de ser e agir, potência e ato, surge lado a lado com a impossibilidade de deixá-la desmoronar. A propósito do Uno, Plotino escreve:

> A quase [*hoion*] hipóstase deste e a sua quase *energeia* não são duas coisas distintas (não são nem mesmo no intelecto); nem a *energeia* é segundo [*kata*] seu ser nem o ser é segundo a *energeia*. Ele não possui o ser em ato [*energein*] como algo que se segue de sua natureza. Nem a *energeia* nem a quase vida se podem nele reconduzir à quase substância; a quase substância é conjunta e quase se gera sempre junto a *energeia* e produz a si mesma a partir de ambas, por si mesma e por nenhuma outra.[144]

O uso técnico de *hoion* (Plotino afirmará sem reservas: "a todo indivíduo concreto se deve sempre acrescentar o *hoion*")[145] e a ideia final de uma *synousia* e de uma geração conjunta de substância e *energeia* mostram como, no neoplatonismo, operam tendências à indeterminação das categorias da ontologia clássica que conduzem, em âmbito cristão, à elaboração do paradigma da efetualidade.

17. No curso de 1941 sobre "A metafísica como história do ser", retomado no segundo volume de *Nietzsche* (1961), Heidegger dedica uma seção importante à "transformação da *energeia* em *actualitas*" (*Der Wandel der* energeia *zur* actualitas). Escreve ele:

> A *energeia* se torna *opus* de um *operari*, *factum* de um *facere*, *actus* de um *agere*. O *ergon* não é mais o que é deixado livre no aberto da presença [*das ins Offene des Anwesens Freigelassene*], mas o que é operado no operar [*das im Wirken Gewirkte*] [...]. A essência da obra não é mais "a operidade" [*Werkheit*], no sentido da presença eminente no livre, mas a "operatividade" [*die Wirklichkeit*] de um real, que prevalece no operar e vem subjugada no proceder do operar. O ser, afastando-se da essência originária da *energeia*, tornou-se *actualitas*.[146]

---

[144] Plotino, En., 6, 8, 7 [ed. bras.: *Tratados das Enéadas*, São Paulo, Polar, 2002].

[145] Ibidem, 6, 8, 13.

[146] Martin Heidegger, *Nietzsche* (Pfüllingen, Neske, 1961), v. 2, p. 412 [ed. bras.: *Nietzsche: metafísica e niilismo*, Rio de Janeiro, Relume Dumará, 2000].

68 • Opus Dei

Heidegger identifica a matriz romana dessa transformação (do ponto de vista da historiografia, trata-se de uma "passagem da conceitualidade grega para a romana") e assinala o influxo determinante que nela exerceu a "Igreja romana"[147]. O paradigma ontológico que orientou essa transformação da ontologia é, porém, segundo Heidegger, a "fé bíblico-cristã na criação": "O ser mudado em *actualitas* confere ao ente em seu conjunto aquele traço fundamental, de cuja representação da fé bíblico-cristã na criação pode apossar-se para assegurar a si mesma uma justificação metafísica"[148].

As análises precedentes demonstraram que o paradigma teológico decisivo na construção de uma ontologia da operatividade não é o conceito de criação, mas sim a liturgia sacramental, com suas teses sobre o *effectus* e o *opus operatum*. Nesse sentido, as pesquisas aqui desencadeadas reconstroem um capítulo ausente na história da transformação da *energeia* em *actualitas* e devem ser entendidas – como a de Heidegger, da qual constituem uma integração – como uma contribuição, pensada na perspectiva da história do ser (*seinsgeschichtlich*)[149], à "destruição" da ontologia da modernidade.

Ter posto no centro de sua reconstrução da história do ser o paradigma criacionista faz assim que Heidegger defina o traço central da metafísica moderna como um operar no sentido de causar e produzir. O *ergon*, que nomeava o permanecer do ser na presença de uma forma, torna-se então o produto de um efetuar e de um produzir.

> Quando o ser transforma-se em *actualitas* (realidade), o ente é o real efetivo, e é determinado pelo operar no sentido do produzir causador. Daí se pode explicar a realidade do fazer humano e do criar divino [...]. O *esse*, diferentemente da *essentia*, é *esse actu*. Mas a *actualitas* é *causalitas*. O caráter de causa do ser como realidade mostra-se com toda a sua pureza naquele ente que realiza no sentido supremo a essência do ser, enquanto é o ente que não pode jamais não ser. Pensado "em termos teológicos", esse ente se chama "Deus" [...]. O ente supremo é a realização efetiva [*Verwirklichung*] pura, sempre completa, *actus purus*.[150]

Diante de Deus está o mundo humano entendido como a efetividade que é causada pela criação:

---

[147] Idem.

[148] Ibidem, p. 414.

[149] Ibidem, p. 415.

[150] Ibidem, p. 414-5.

Do mistério ao efeito • 69

O real efetivo é o existente. Este compreende tudo o que, através de um modo qualquer de causação, *constituitur extra causas*. Porque, porém, o conjunto do ente é o operado-operante [*das Gewirkte-Wirkende*] de um primeiro operante [*Wirker*], junta ao conjunto do ente uma ordenança própria que se determina como correspondência do que é efetuado toda vez com o fator enquanto ente supremo.[151]

E é essa concepção do ser como efetualidade que torna possível, segundo Heidegger, a mutação da verdade em certeza, na qual o homem, que a fé em Deus torna certo da salvação, assegura através das técnicas seu domínio incondicionado sobre o mundo.

Pode-se perguntar em que medida essa reconstrução da influência determinante da teologia cristã sobre a história do ser é tributária do privilégio concedido pelo paradigma criacionista. É em virtude desse modelo que Heidegger pôde pensar a essência da técnica como produção e disposição e a *Gestell* como a segurança do real sobre o modo da disponibilidade. Mas, justamente por isso, ele não pôde ver o que se tornou hoje perfeitamente evidente, ou seja, que não se compreende a essência metafísica da técnica se entendida somente na forma da produção. Ela é, entretanto e antes de tudo, governo e *oikonomia*, que, em seu desenlace extremo, podem até colocar provisoriamente entre parênteses a produção causal em nome de formas mais refinadas e difusas de gestão dos homens e das coisas. E é dessa praxe particular que procuramos definir os caracteres através de nossa análise da liturgia.

‫א‬ Em sua reconstrução da passagem de *energeia* para *actualitas*, Heidegger não menciona nunca os termos que vimos fornecer a primeira tradução latina de *energeia*, quais sejam, *effectus* e *operatio*, e prefere concentrar-se no vocábulo *actualitas*, que aparece somente na escolástica tardia. É possível que existam para isso razões internas ao seu pensamento, cuja ontologia é mais solidária do que se crê com o paradigma da operatividade que ele pretende criticar. O ser do *Dasein*, isto é, do ente cuja essência reside na existência, e que, enquanto deve assumir a cada vez seu ser jogado na facticidade, tem por ser os próprios modos de ser, é, ainda que em um sentido particular, decididamente efetual. Porque "para ele se trata, no seu ser, do seu próprio ser", o *Dasein* não é, mas tem para ser o seu ser, deve assim realizá-lo e torná-lo efetivo. Por isso o *Dasein* pode apresentar-se em Heidegger ao mesmo tempo como um dado e como uma tarefa, ou seja, como algo que existe no modo da própria incessante efetuação.

---

[151] Ibidem, p. 419.

70 • Opus Dei

É significativo, nessa perspectiva, que também na base da interpretação heideggeriana da obra de arte (que se quer coerentemente como ontológica e não estética) se encontre um paradigma operativo análogo. A célebre definição da arte como um "pôr-em-obra a verdade" (*die Kunst ist das Ins-Werk-setzen der Wahrheit*)[152] pressupõe em última análise uma ontologia operativa. Na *Introdução à metafísica* (1935), a obra de arte é aquilo que "efetua [*erwirkt*] o ser em um ente"[153] e "efetuar [*erwirken*] significa pôr-em-obra"[154]. O ser é algo que deve ser "posto-em-obra" e arte e filosofia são os agentes dessa operação.

No *Zusatz* acrescentado em 1956 ao *Ursprung des Kunstwerks* [A origem da obra de arte], Heidegger, que usa no ensaio o termo *Gestell* ("Aquilo que se denomina forma [*Gestalt*] deve ser pensado sempre a partir daquele pôr [*stellen*] e daquela *Ge-stell*, como qual a obra é, na medida em que se põe e produz [*sich auf- und herstellt*]")[155] pode assim evocar significativamente sem reservas o copertencimento entre o *Gestell* que tem lugar na obra de arte e o *Gestell* como termo que designa a produção tecnológica[156]. Pouco antes, ele ressalta a ambiguidade implícita na expressão *in-das-Werk-setzen*, que pode significar tanto que o ser se põe em obra por si mesmo quanto que precisa, para isso, da intervenção humana. Na ontologia heideggeriana, ser-aí e ser, *Dasein* e *Sein*, estão implicados em uma relação de efetuação recíproca, na qual, como no paradigma da operatividade litúrgica, pode-se dizer tanto que o ser-aí põe em obra e torna efetivo o ser quanto que o ser realiza o ser-aí. Em todo caso, a relação entre *Dasein* e *Sein* é algo como uma liturgia, uma prestação conjuntamente ontológica e política.

---

[152] Idem, *Holzwege* (Frankfurt, Klostermann, 1950), p. 64.

[153] Idem, *Einführung in die Metaphysik* (Tübingen, Niemeyer, 1953), p. 122 [ed. bras.: *Introdução à metafísica*, 4. ed., Rio de Janeiro, Tempo Brasileiro, 1999].

[154] Idem.

[155] Idem, *Holzwege*, p. 50.

[156] Ibidem, p. 67-8.

Limiar

Tentemos resumir em forma de teses os caracteres que definem a ontologia do mistério litúrgico.

1) Na liturgia está em questão um novo paradigma ontológico-prático, a efetualidade, no qual ser e agir entram em um limiar de indecidibilidade. Se, nas palavras de Foucault, Platão ensinava ao político não o que devia fazer, mas o que devia ser para poder, eventualmente, agir bem[157], trata-se agora de mostrar como se deve agir para poder ser – ou melhor, atingir um ponto de indiferença, no qual o sacerdote é aquilo que deve fazer e deve fazer aquilo que é. A subordinação do agir ao ser, que define a filosofia clássica, perde assim seu significado.

2) Enquanto o ser e a substância são independentes dos efeitos que possam produzir, na efetualidade o ser é, portanto, indiscernível de seus efeitos, consiste neles (*esse in effectu*) e é "funcional" a eles.

3) Caráter essencial da efetualidade é a operatividade. Entendemos com esse termo o fato de que o ser não é simplesmente, mas "põe-se em obra", efetua e realiza a si mesmo. Consequentemente, a *energeia* não designa mais o ser-em-obra como plena demora na presença, mas como uma "operatividade" em que as próprias distinções de potência e ato, operação e obra se indeterminam e perdem o sentido. O *opus* é a própria *operatio* e *operativa* é a potência divina (*operatoria virtus Dei*), que, em sua própria virtualidade, põe-se em obra e realiza. A operatividade é, nesse sentido, uma virtualidade real ou uma realidade virtual.

4) Nessa dimensão, causa e efeito subsistem, mas, ao mesmo tempo, indeterminam-se: por um lado, o agente age somente enquanto é, por sua vez, efeito (enquanto, como instrumento, é movido por um agente principal); por outro, o efeito se autonomiza de sua causa (que lhe é só causa instrumental e não eficiente nem final).

5) Consequentemente a ação sacramental é cindida em duas: uma ação manifesta (*opus operans* ou *operantis*) que parece agir, mas que em realidade não faz senão oferecer o instrumento e a "vez" a um agente oculto, a quem compete toda a eficácia da operação. Mas é justamente graças a essa separação da ação (reduzida a causa instrumental) de sua eficácia que a operação sacramental pode alcançar invariavelmente sua efetualidade *ex opere operato*.

---

[157] Michel Foucault, *Le gouvernement de soi et des autres* (Paris, Gallimard, 2008), p. 273 [ed. bras.: *O governo de si e dos outros*, São Paulo, WMF Martins Fontes, 2010].

3.
GENEALOGIA DO OFÍCIO

1. Na história da Igreja, o termo que denomina a praxe efetual cujos caracteres estamos procurando definir não é "liturgia" (que em latim surge somente a partir do século XVII e, como termo técnico geral, impõe-se apenas no século XX), mas *officium*.

Certamente, nos primeiros séculos vários termos concorrem na tradução do grego *leitourgia* e, mais em geral, servem para designar a função que este exprimia. Antes de tudo, o termo que indicava a liturgia política no Império Romano: *munus*. Porque, no vocabulário político jurídico romano, *munus* correspondia perfeitamente a *leitourgia*, as fontes profanas falam indiferentemente de *munera decurionum, curialium, gladiatorium, annonarium, militiae* [ofícios de decurião, de curião, de gladiador, de anonário, de militar] etc., e distinguem, como em grego para *leitourgia*, entre *munera personalia, munera patrimonii et munera mixta* [ofícios pessoais, ofícios patrimoniais e ofícios mistos]. Não surpreende, então, ver o termo passar com o tempo a designar no vocabulário da Igreja seja genericamente o serviço divino do sacerdote, seja o próprio sacrifício de Cristo. Ainda em Ambrósio, a quem, além disso, deve-se um impulso decisivo no uso do termo *officium*, ambas as acepções são atestadas. Relatando em uma carta que, quando estava começando a celebrar a missa na basílica nova, uma parte dos fiéis havia se afastado à notícia da chegada dos oficiais imperiais a uma outra basílica, ele escreve: *Ego tamen mansi in munere, missam facere coepi* ["Eu, contudo, permaneci no cargo, comecei a celebrar a missa"][158], onde *munus* não pode senão designar a função que ele estava desempenhando. Em outra carta,

---

[158] Ambrósio, *Ep.*, 20, *PL*, XVI, c. 995.

74 • Opus Dei

ao contrário, é a morte de Cristo que é definida significativamente como *"publicum munus: quia cognoverat per filii mundi redemptionem aula regalis, etiam sua morte putaverat aliquid publico addituram muneri"* ["serviço público: para que a corte real tomasse conhecimento da redenção do mundo pelo Filho, e inclusive a sua morte fosse tida como algum serviço público a ser adicionado"][159]. Como na Epístola aos Hebreus, o sacrifício de Cristo aparece aqui como uma prestação pública, uma liturgia realizada para a salvação da humanidade.

O termo latino que parecia destinado a designar por excelência a função litúrgica é, porém, ao início, *ministerium*. Não somente é com esse termo (ao lado de *minister* e *ministrare*) que Jerônimo traduz na Vulgata o termo *leitourgia* na Epístola aos Hebreus e no *corpus* paulino, mas ele também o usa para traduzir *diakonia* (por exemplo, em Ef 4,12; 2Cor 6,3; Rm 11,13). E que isso devia refletir um uso antigo é provado pela tradução latina da carta de Clemente aos coríntios, que os estudiosos fazem remontar ao século II[160]. Aqui encontramos, para traduzir o grupo lexical em questão nos trechos que citamos, *ministerium* (9,4; 41,1; 40,2-5; 44,2-3), *ministrationem* (20,10), *minister* (8,1; 41,2), *ministrare* (9,2; mas em três casos – 32,2; 34,5 e 6 – *leitourgeō* é convertido como *servir* e *desservir*). Ambrósio usa às vezes promiscuamente *ministerium* junto de *officium* (*"remittuntur peccata [...] per officium sacerdotis sacrumque ministerium"* ["são remidos os pecados [...] pelo ofício prestado pelo sacerdote e pelo sagrado ministério"][161]; do mesmo modo, em Cipriano: *"officii ac ministeri sui oblitus"*[162]) e, nas *Recognições* pseudoclementinas, para indicar a função episcopal encontramos, além de *ministerium*, também *officium* (*episcopatus officium*[163]; do mesmo modo, em *Ep. ad Jac.*, 4, 4; no prólogo de Rufino, *apostolatus officium*).

É nesse contexto que se deve situar a decisão – aparentemente arbitrária – de Ambrósio de intitular *De officiis ministrorum* [Sobre os ofícios dos ministros] seu

---

[159] Idem, *Ep.*, 63, *PL*, XVI, c. 1218.

[160] Clemente, *Epistula ad Corinthios quae vocatur prima graece et latine* (org. Thomas Schaefer, Leipzig, Harrassowitz, 1942), *passim*.

[161] Ambrósio, *De Cain et Abel Libri Duo*, em Jacques-Paul Migne (org.), *Patrologiae cursus completus*, cit., XIV, 4, 15.

[162] Cipriano, *Epistolae*, cit., IV, 3, 1.

[163] Pseudo-Clemente, *I ritrovamenti. "Recognitiones"* (org. Silvano Cola, Roma, Città Nuova, 1993), 3, 66, 4.

livro sobre as virtudes e os deveres dos clérigos, inaugurando assim aquela trata-
tística que, do *De ecclesiasticis officiis* [Sobre os ofícios eclesiásticos] de Isidoro ao
Liber officialis [Livro dos ofícios] de Amalário de Metz, da *Summa de ecclesiasticis
officiis* [Suma dos ofícios eclesiásticos] de João Beleth e do *Mitrale* [Mitral] de
Sicardo de Cremona até o monumental *Rationale divinorum officiorum* [Ex-
posição racional dos ofícios divinos] de Guilherme Durando, devia conduzir à
afirmação do termo *officium* como designação geral da praxe litúrgica da Igreja.

2. Em uma arqueologia do termo *officium*, o momento inaugural é
aquele que Cícero, em suas repetidas tentativas de elaborar um vocabulário
filosófico latino, decide traduzir o conceito histórico de *kathēkon* com o
termo *officium* e inscrever sob a rubrica *De officiis* um livro que, com ou
sem razão, devia exercer uma influência duradoura sobre a ética ocidental.
A fórmula dubitativa "com ou sem razão" é aqui justificada pelo fato de
que nem o conceito grego nem o equivalente latino proposto por Cícero
tem a ver com o que estamos habituados a classificar como moral, isto é,
com a doutrina do bem e do mal. "Não se deve incluir o ofício nem entre
os bens nem entre os males [*officium nec in bonis ponamus nec in mali*]",
declara sem reservas Cícero na obra que dedica ao bem supremo[164]. Não
se trata nem mesmo de um conceito pertencente à esfera do direito. O *De
officiis* não é um tratado sobre o bem e o dever absoluto, tampouco sobre
aquilo a que se é obrigado juridicamente a fazer ou a não fazer; é, como foi
sugerido, um tratado sobre o *devoir de situation* [dever de situação][165], sobre
o que é decoroso e conveniente fazer segundo as circunstâncias, sobretudo
levando-se em conta a condição social do agente.

Porque a intenção teórica do tratado é indissociável de uma estratégia de
tradução do grego em latim ("*semper cum graecis latina coniunxi* [...] *ut par sis
in utriusque orationis facultate*" ["como sempre conjuguei a língua latina com a
grega [...] para que tenhas o mesmo domínio dos dois idiomas"])[166], só uma correta situação desta permitirá entender plenamente seus resultados e conteúdos.

Segundo Diógenes Laércio, o primeiro a introduzir o termo *kathēkon*
(que na língua corrente significa "o que é conveniente, oportuno") no vocabulário filosófico teria sido Zenão, que o define deste modo: "uma ação

---

[164] Cícero, *De fin.*, 3, 17, 58.

[165] Victor Goldschmidt, *Le système stoicien et l'idée de temps* (Paris, Vrin, 1969), p. 155.

[166] Cícero, *De off.*, 1, 1. [Cf. ed. bras.: *Os deveres*, São Paulo, Escala, t. 1, p. 29].

76 • Opus Dei

que possui uma razão plausível [*eulogon* [...] *apologismon*], como o ser consequente na vida, que se aplica também às plantas e aos animais; os *kathēkonta* concernem de fato também a tais seres"[167]. Os estoicos distinguiam do *kathēkon* o que chamavam *katorthōma*, a ação realizada de maneira reta (isto é, segundo o bem). Com relação a esta, que, sendo um ato conforme a virtude (*kat'aretēn energēmata*), é sempre boa e sempre conveniente (*aei kathēkei*) independentemente das circunstâncias e é por isso dita *teleion kathēkon*, conveniente perfeito, os simples *kathēkonta*, cuja conveniência depende das circunstâncias, são definidos como "médios" (*mesa*). "Os convenientes, alguns o são sempre, outros não. Assim, é sempre conveniente viver segundo a virtude, não sempre, ao contrário, fazer perguntas, responder, passear e similares"[168]. Os convenientes médios se situam, nesse sentido, entre as ações retas e as ações más ou erradas:

> Das ações, algumas são retas (*katorthōmata*), outras são erradas (*hamartēmata*), outras não são nem uma coisa nem outra. São ações retas as seguintes: ter juízo, ser sábio, agir justamente, alegrar-se, beneficiar, viver prudentemente. São ações erradas: agir loucamente, ser intemperante, agir injustamente, ser triste, roubar e, em geral, fazer coisas contrárias à reta razão. Nem retas nem más são: falar, fazer perguntas, responder, passear, emigrar e similares.[169]

A diferença entre *kathēkon* e *katorthōma* é evidente em um trecho dos *Paradoxa stoicorum* [Paradoxos dos estoicos] de Cícero. Considere-se o caso de um *gubernator* que, por negligência, faz naufragar seu navio. Do ponto de vista do bem em si (*katorthōma*), a culpa do piloto, que se compara à arte da navegação, é a mesma tanto se o navio estava carregado de ouro quanto se estava carregado de palha; do ponto de vista do *kathēkon*, ao contrário, as circunstâncias serão determinantes e a culpa será maior se o navio estava carregado de ouro. "*Ergo in gubernando*", escreverá Cícero retomando o exemplo no *De finibus*, "*nihil, in officio plurimo interest quo in genere peccetur. Et si in ipsa gubernatione neglegentia est navis eversa, maius est peccatum in auro quam in palea*" ["Portanto, se no ato de navegar não importa o gênero da falta cometida, no desempenho do ofício ele importa muito.

---

[167] Zenão, 7, 107, em Johannes von Arnim, *Stoicorum veterum fragmenta* (Lipsiae, Teubneri, 1903-1938), v. 1, p. 230.

[168] Ibidem, 7, 109, em Johannes von Arnim, *Stoicorum veterum fragmenta*, cit., v. 2, p. 496.

[169] Estobeu, 2, 96, 18, em Johannes von Arnim, *Stoicorum veterum fragmenta*, cit., v. 2, p. 501.

Mas também na própria navegação, se o navio naufragar por negligência, a violação será maior se a carga for de ouro do que se for de palha"][170]. A navegação em si não é um *officium*, mas uma ação que, comparada às regras da arte, pode ser só correta ou incorreta, boa ou má; na perspectiva do *officium*, ao contrário, a mesma ação será considerada segundo as circunstâncias subjetivas e objetivas que a determinam. Tanto mais surpreendente é que o livro destinado a introduzir a noção de dever na ética ocidental não se referisse propriamente à doutrina do bem e do mal, mas àquela dos critérios, eminentemente variáveis, que definem a ação de um sujeito "em situação".

3. É nesse contexto que se deve situar a decisão de Cícero de traduzir o termo grego *kathēkon* com o latino *officium*. Malgrado a segurança com que Cícero parece propor sua tradução (*"quod de inscritione quaeris, non dubito quin* kathēkon *officium sit"* ["quanto ao que perguntas sobre a inscrição, não tenho dúvida que *kathēkon* seja *officium*"])[171], esta devia estar longe de ser óbvia, se um ótimo conhecedor da língua grega como Ático (*"sic enim Graece loquebatur"*, diz sobre ele Cícero, *"ut Athenis natus videretur"* ["pois ele fala grego com se tivesse nascido em Atenas"]) não parece completamente convencido (*"id autem quid dubitas quin etiam in rempublicam caderet? Nonne dicimus consulum officium, senatus officium, imperatori officium? Praeclare convenit; aut da melius"* ["Mas por que duvidas que se aplique também às coisas públicas? Não falamos de ofício de cônsul, ofício de senador, ofício de imperador? Cabe perfeitamente; ou então dá outro termo melhor"])[172].

Os estudiosos que trabalharam sobre *De officiis* concentraram-se sobretudo em fontes gregas – em particular no tratado de Panécio *Peri tou kathēkontos* [Sobre o dever] – e na relação entre a obra e os eventos políticos contemporâneos, que assinalavam a crise definitiva da ideia ciceroniana de *res publica*, fiel ao modelo da aristocracia cipioniana. Aqui nos interessa antes o sentido da estratégia inerente na própria escolha do termo *officium* por parte de Cícero.

Enquanto os modernos derivam a etimologia de *officium* de um hipotético *opificium*, "o fato de realizar uma obra" ou "o trabalho efetuado

---

[170] Cícero, *De fin.*, 4, 76.

[171] Idem, *Ad at.*, 16, 11, 4.

[172] Ibidem, 16, 14, 3.

por um *opifex* (artesão) em sua *officina*"[173], é significativo que os latinos a reconduziram, ao contrário, ao verbo *efficere* ("*officium dicitur ab efficiendo, ab eo quo quaeritur in eo, quid efficere unumquemque conveniat pro condicione personae*" ["*officium* se diz daquilo que deve ser efetuado por quem é solicitado a fazê-lo, ou que alguém acha conveniente efetuar em favor de sua condição pessoal"])[174]. Decisivo era assim, para eles, o sentido de "ação eficaz realizada ou que convém realizar em harmonia com a própria condição social".

A esfera de aplicação do termo era, portanto, tão ampla que Cícero pôde escrever no início de seu tratado que "*nulla enim vitae pars neque publici neque privatis neque forensibus neque domesticis in rebus, neque si tecum agas quid, neque si cum alterum contrahas vacare officio potest*" ["pois nenhuma esfera da vida, nem a atinente a questões públicas, a questões privadas, a questões forenses ou a questões domésticas, nem quando ages por conta própria, nem quando te associas a outra pessoa, pode estar isenta do dever"][175]. Nesse sentido, Plauto, além de um *officium scribae* [dever de escrivão/secretário] e um *puerile officium* [dever de criança], pôde mencionar um *officium* das prostitutas oposto àquele das matronas ("*non matronarum officium est sed meretricium*" ["não é dever das matronas, mas das meretrizes"])[176] e, em sentido negativo, um *improbi viri officium* (um "ofício do vilão", como alhures é questão de um *calumniatoris officium* [ofício dos caluniadores])[177]. Em todos esses casos, o genitivo subjetivo mostra que se trata do comportamento que se espera de determinado sujeito em situação, comportamento que pode, por sua vez (como no caso do *patronus* com relação ao liberto ou ao cliente), configurar-se como uma verdadeira e própria obrigação (assim, em Terêncio, *tu tuum officium facies* [tu estás cumprindo o teu dever], referido à obrigação do patrono de proteger e assistir o cliente).

Todavia, a natureza particular do *officium* aparece com mais clareza justamente lá onde não se dão uma obrigação ou um dever em sentido estrito.

---

[173] Joseph Hellegouarc'h, *Le vocabulaire latin des relations et des partis politiques sous la République* (Paris, Les Belles Lettres, 1963), p. 152.

[174] Élio Donato, *Ad P. Terentii Andriam*, em *Commentum Terentii* (org. Paul Wessner, Lipsiae, Teubneri, 1902-1905), 236, 7.

[175] Cícero, *De off.*, 1, 4.

[176] Plauto, *Cas.*, 585.

[177] Idem, *Rhet. Her.*, 2, 10, 14.

É o caso da *observantia* ou da *adsectatio*, que, em uma sociedade fortemente ritualizada como a romana, designa a conduta do cliente que quer render a justa honra a seu patrono, sobretudo quando este, como frequentemente acontecia, era uma pessoa pública influente. Sabemos que a *adsectatio* se exprimia de três formas[178].

1) A *salutatio*, que não era uma saudação, mas a visita de homenagem do cliente à casa do patrono. Nem todos os *salutatores* eram admitidos na intimidade da casa do patrão: muitos eram recepcionados somente no *atrium*, para receber, quando o *nomenclator* chamava seu nome, a *sportula**. A propósito da *salutatio*, uma fonte nos informa que, embora fosse considerada a maneira mais baixa de *officium* (*officium minimum*), ela podia ser feita (*effici*) de modo a cair nas graças do patrono.

2) A *deductio*, que designava o ato de acompanhar (*deducere*) o patrono de sua casa ao foro (e eventualmente, se se desejava ser particularmente obsequioso, do foro à casa no caminho de volta). Tratava-se de um *officium* importante, porque o prestígio do patrono dependia também do número de acompanhantes (*"deductorum officium maius est quam salutatorum"* ["o ofício dos acompanhantes é maior que o dos visitadores"])[179].

3) Enfim, a *adsectatio* em sentido amplo, que compreendia a *salutatio* e a *deductio*, mas não se limitava como elas a uma ocasião específica, e sim consistia no assegurar ao patrono uma espécie de corte permanente.

Avaliar o que fosse *officiosior* (mais conforme ao *officium*) nessas situações era uma questão que não podia evidentemente ser decidida de uma vez por todas, mas devia levar em conta todo tipo de circunstâncias e sutilezas, que cabia ao *officiosus vir* avaliar.

Particularmente instrutivo é, nesse sentido, o uso obsceno do termo, que encontramos, por exemplo, em Ovídio e Propércio (*"officium faciat nulla puella mihi"* ["nenhuma moça cumpre o ofício comigo"][180]; *"saepest experta puella officium tota nocte valere meum"* ["com muita frequência, uma moça experiente cumpriu seu ofício comigo durante toda a noite"][181]) e, com a usual argúcia, em Petrônio ("voltados os olhos para minha virilha, acostou-

---

[178] Joseph Hellegouarc'h, *Le vocabulaire latin*, cit., p. 160-1.

* Cestinho de mantimentos/ajuda material do tipo cesta básica. (N. T.)

[179] Ibidem, p. 36.

[180] Ovídio, *Ars*, 2, 687.

[181] Propércio, 2, 22, 24.

-lhe uma mão oficiosa, dizendo 'salve!'", *"ad inguina mea luminibus deflexis movit officiosam manum et 'salve' inquit"*)[182]. Embora se trate certamente de uma extensão antifrástica intencional de um vocábulo que, como Cícero não cansa de confirmar, pertencia primeiramente à esfera do *honestum*, do *decorum* e da amizade, exatamente esse uso da palavra em um contexto obsceno pode nos ajudar a compreender o próprio significado do termo. Sêneca, o Velho, relata a inconsciente gafe do orador Quinto Atério, que, para defender um liberto acusado de ter tido relações sexuais com o patrono, declarou candidamente que *"impudicitia in ingenuo crimen est, in servo necessitas, in liberto officium"*: "a impudicícia em um homem livre é um delito, no escravo uma necessidade, no liberto um ofício"[183].

O *officium* não é uma obrigação jurídica ou moral nem uma pura e simples necessidade natural: é o comportamento que se espera entre pessoas que são ligadas por uma relação socialmente codificada, mas cuja cogência é bastante vaga e indeterminada para poder ser exposta – ainda que de modo derrisório – mesmo para um comportamento que o senso comum considerava evidentemente ofensivo do pudor. Trata-se, em última análise, para repetir a terminologia de Zenão, de uma questão de "plausibilidade" e de "coerência": o *officium* é o que faz com que um indivíduo se comporte de modo consequente; como prostituta é-se prostituta, como vilão é-se vilão, mas também como cônsul é-se cônsul e, mais tarde, como bispo é-se bispo.

4. Embora a partir do século XVII a tradução de *officium* por "dever" se torne corrente, falta no termo latino o forte sentido de obrigação (moral ou jurídica) que o dever havia de conquistar na cultura moderna. Certamente quando Sêneca, respondendo à interrogação de Hecato se os escravos poderiam beneficiar o patrão, evoca a distinção entre *beneficium*, *officium* e *ministerium*, o *officium* é definido como a necessidade que vincula os filhos e a mulher para fazer certas coisas em relação ao pai ou ao marido (*"officium esse filii, uxoris, earum personarum quas necessitudo suscitat et ferre opem iubet"* ["o dever é cumprido pelos filhos, pelas esposas e pelas pessoas que uma relação necessária suscita e ordena que nos prestem ajuda"])[184], enquanto

---

[182] Petrônio, *Sat.*, 105, 9.

[183] Charles L. Platter, "'Officium' in Catullus and Propertius. A Foucauldian Reading", *Classical Philology*, Chicago, University of Chicago Press, 90, n. 3, 1995, p. 219.

[184] Sêneca, *De benef.*, 3, 18, 1.

sobre os deveres do escravo para com o patrão fala-se antes de *ministerium*.
E, contudo, ainda que o *officium* para com os parentes tivesse nesse sentido
o caráter de uma *necessitudo*, nada menos que uma passagem do *Digesto*
mostra que a necessidade do *officium*, mesmo tendo caráter de todo modo
jurídico, era, porém, formalmente distinta de uma obrigação contratual.

> Assim como o dar um bem em comodato depende da vontade e do *officium*
> antes do que da necessidade [*necessitas*], assim também decidir a modalidade
> e o fim do comodato cabe àquele que atribui o benefício, todavia, quando o
> ato foi realizado e o bem foi consignado em comodato, então para impedir
> que se ponha retroativamente termo ao comodato e se retome o bem antes
> do tempo não está tanto o *officium*, mas a obrigação contratada entre o
> dar e o receber [*non officium tantum impedit, sed et suscepta obligatio inter
> dandum accipiendumque*].[185]

Dessa passagem resulta com clareza que, enquanto o *obligatio* deriva de
uma ação, o *officium* deriva, como já sabemos, de uma condição ou de um
estado (nesse caso, o parentesco ou a afinidade: "*necessarii sunt, ut Gallus Aelius
ait, qui aut cognati, aut adfines sunt, in quos necessaria officia conferuntur*" ["é
necessário, como diz Aélio Gallo, que sejam ou parentes ou afins para que
lhes sejam conferidos os ofícios necessários"])[186].

א Um trecho de Gélio nos informa que os romanos distinguiam entre *necessitas*,
que indicava uma necessidade material absoluta (*vis quaepiam premens et cogens*)
e *necessitudo*, que exprimia um vínculo jurídico (de direito humano ou divino, *ius
quoddam et vinculum religiosae coniunctionis*)[187]. O mesmo autor nos informa também
que, para designar um direito ou um ofício, o termo *necessitas* era pouco frequente
(*infrequens*). A distinção parece coincidir com aquela que, segundo Kelsen, opõe em
alemão os dois verbos *müssen* e *sollen*, a necessidade material e a necessidade jurídica.

5. Seja qual for a natureza própria do *officium*, Cícero o sugere no
momento de enunciar o argumento da obra. Toda questão em torno do
officium, ele escreve, apresenta dois aspectos: o primeiro concerne ao sumo
bem (*finis bonorum*), o segundo aos preceitos "com os quais se pode dar
forma ao uso da vida em todos os seus aspectos [*in omnes partes usus vitae
conformari possit*]"[188]. Apesar de esses preceitos dizerem respeito de qualquer

---

[185] Paul., *29 ad ed.*, D. 13. 6. 17. 3.

[186] Festo, 12, 158, 22L.

[187] Gélio 13, 3, 1.

[188] Cícero, *De off.*, 1, 7.

modo ao bem, o que lhes caracteriza é que "parecem ter em mira antes a instituição da vida comum [*magis ad institutionem vitae communis spectare videntur*]"[189]. O que significa aqui "dar forma ao uso da vida" e "instituir a vida comum"? Que o significado dessas expressões não seja somente jurídico ou moral, mas, por assim dizer, antropológico, esclarece-se logo depois, quando Cícero opõe o modo de vida próprio dos animais àquele propriamente humano. Enquanto o animal, movido somente pela sensação, adapta-se imediatamente ao que é próximo e presente (*quod adest quodque praesens est*), e não se ocupa do passado e do futuro,

> o homem, que é dotado de razão, capta as conexões entre as coisas [*consequentia*], vê suas causas e não ignora os precursores e os antecedentes e, comparando as semelhanças e coligando às coisas presentes as futuras, vê facilmente todo o curso da vida e prepara as coisas necessárias para conduzir a própria vida [*facile totius vitae cursum videt ad eamque degendam praeparat res necessarias*].[190]

Esse cuidado das coisas e dos outros seres humanos produzido pela razão "desperta as almas e lhes torna capazes de governar as coisas [*exsuscitat etiam animos et maiores ad rem gerendam facit*]"[191].

"Conduzir a vida" (*vitam degere*), "governar as coisas" (*rem gerere*): eis o sentido de "dar forma ao uso da vida" (*usum vitae conformare*) e do "instituir a vida" (*vitam instituere*) que estavam em questão no *officium*. Se o homem não vive simplesmente a sua vida como os animais, mas a "conduz" e "governa", o *officium* é o que torna a vida governável, aquilo através do que a vida dos homens é "instituída" e "formada". Decisivo é, porém, que, desse modo, a atenção do político e do jurista se desloque da realização dos atos singulares para o "uso da vida" em seu conjunto, que o *officium* tenda, assim, a identificar-se com a "instituição da vida" como tal, com as condições e os *status* que definem a própria existência do homem na sociedade.

É nessa perspectiva que Sêneca pôde falar de um *officium humanum*, isto é, de um ofício que se refere ao homem na medida em que é ligado a seus similares em relação de *sociabilitas*:

> *cum possim breviter illi formulam humani officii tradere: omne hoc, quod vides, quo divina atque humana conclusa sunt, unum est: membra sumus corporis*

---

[189] Idem.

[190] Ibidem, 1, 11.

[191] Ibidem, 1, 12.

magni. Natura nos cognatos dedit, cum ex isdem et in eadem gigneret. Haec nobis amorem indidit mutuum et sociabile fecit. [Se posso comunicar-lhe sucintamente a fórmula dos ofícios/deveres humanos: tudo isto que vês, que abrange o divino e o humano, é uma coisa só: somos membros de um grande corpo. A natureza nos fez parentes quando nos gerou a partir do mesmo e para o mesmo. Ela nos implantou o amor mútuo e nos fez sociáveis.][192]

O *officium* constitui, portanto, a própria condição humana, os homens, enquanto *membra* [...] *corporis magni*, são seres de *officium*.

ℵ Em 1934, Max Pohlenz, que devia se tornar um dos maiores estudiosos da Stoá, publica uma monografia cujo subtítulo é "O *De officiis* de Cícero e o ideal de vida de Panécio". Significativa é, porém, levando-se em conta a data da publicação, a escolha do título: *Antikes Führertum* [Liderança política na Antiguidade]. Segundo Pohlenz, o sentido último da obra ciceroniana era fornecer uma teoria do *Führertum*, da liderança política, como "serviço prestado ao povo em sua integridade [*Dienst am Volksganzen*]". Escreve ele:

> Cícero aderia ao ideal da época dos Cipões, sonhava com um guia [*Führer*], com um novo Cipião, que, por intermédio da autoridade de sua pessoa, teria podido despertar à nova vida a antiga constituição romana e o bom tempo antigo [...] a época da *libera res publica*, na qual um homem político podia guiar o estado apoiando-se somente no amor e na fidúcia do povo, havia desaparecido. Seria necessário um novo líder, que com um poder autoritário, mesmo que fosse ainda nas antigas formas, pusesse fim às lutas de partido. O próprio Cícero sentia que o ideal de liderança política [*das Führerideal*], que ele reconhecia, não era mais adequado ao presente. Daí o caráter trágico do *De officiis*.[193]

De qualquer modo que se queira ler o evidente paralelismo com a situação da Alemanha de seu tempo, é significativo que Pohlenz situe o *officium* no âmbito da teoria do governo político. *Officium* é *Führertum* entendido como *leitourgia*, como serviço prestado ao povo.

6. A estratégia de Cícero se torna, nesse ponto, mais clara: trata-se de definir, entre a moral e o direito, a esfera do *officium* como aquela em que está em questão a capacidade puramente humana de governar a própria vida e a dos outros. Mas a ambiguidade dessa estratégia, que explica ao menos em parte sua influência sobre a ética medieval e moderna, é que a definição

---

[192] Sêneca, *Epist.*, 95, 51-2.

[193] Max Pohlenz, *Antikes Führertum. Cicero "De officiis" und das Lebensideal des Panaitios* (Leipzig/Berlim, Teubner, 1934), p. 146.

84 • Opus Dei

de tal esfera é conduzida lado a lado com uma releitura à luz do *officium* daquela parte essencial da ética antiga que é a teoria das virtudes. Desde o início, de fato, fixando os quatro *loci* do *honestum*, Cícero afirma que de qualquer um deles nasce certo gênero de *officia* ("*certa officiorum genera nascuntur*")[194]; mas esses *officia* são depois, no transcorrer do tratamento, tão estreitamente intricados com as virtudes correspondentes que é impossível distingui-los destas. O *De officiis* apresenta-se, assim, como um tratado sobre as virtudes: não somente o primeiro livro é constituído essencialmente de uma análise da justiça, da beneficência, da magnanimidade e da temperança, mas também, nos dois livros sucessivos, amplo espaço é dedicado à análise da liberalidade e da fidelidade à palavra dada e à definição da virtude em geral[195]. Se o *officium* é o que torna governável a vida dos homens, as virtudes são o dispositivo que permite a esse governo atuar. Esse tratamento dos ofícios como virtude e das virtudes como ofício é o legado mais ambíguo que a obra ciceroniana devia transmitir ao Ocidente cristão.

7. Que três séculos depois, dispondo-se a escrever o que se apresenta como um tratado sobre a ética dos sacerdotes, Ambrósio tenha decidido retomar não só o título, mas também a estrutura e os temas da obra ciceroniana, pode certamente surpreender. O texto é de fato construído, desde o início, em um tenaz paralelismo – e, ao mesmo tempo, em uma igualmente manifesta, mas bem menos real, tomada de distância – com relação ao seu modelo pagão.

O longo preâmbulo sobre o silêncio, articulado em torno de um minucioso *midrash* do Salmo 38 ("*dixi custodiam vias meas, ut non delinquam in lingua mea*" ["eu disse: cuidarei dos meus caminhos para não transgredir com a minha língua"]), serve, segundo as evidências, somente para dar a entender que a ideia da composição do tratado tenha vindo quase por acaso enquanto ele meditava sobre a *silendi patientia* [paciência para silenciar] e a *opportunitas loquendi* [oportunidade de falar] em questão em um versículo da Sagrada Escritura ("enquanto refletia então sobre esse salmo, veio-me à mente escrever sobre os *officia*" – "*successit animo de officiis scribere*"), mais do que da leitura do texto ciceroniano, bem familiar a quem, como Ambrósio, chegou ao sacerdócio pelas aulas dos tribunais e pela administração pública

---

[194] Cícero, *De off.*, 1, 5.

[195] Ibidem, 2, 18.

("*raptus de tribunalibus atque administrationis infulis ad sacerdotium*")[196]. Na realidade, a referência que se segue imediatamente a Panécio e Cícero e o propósito de dirigir-se aos seus "filhos no Evangelho", exatamente como Cícero havia se dirigido ao seu filho[197] ("*sicut Tullius ad erudiendum filium, ita ego quoque ad vos informandos filios meos* [...] *quos in evangelio genui*" ["Como Túlio (se dirigiu) ao filho a ser ensinado, assim também eu (me dirijo) a vós, filhos meus, a serdes formados [...] os quais gerei no evangelho"]), mostra para além de toda a dúvida qual é a estratégia do autor: trata-se de transferir o conceito de *officium* da esfera profana da filosofia para aquela da Igreja cristã. Ele insere, com esse escopo, um pequeno conto determinante, segundo o qual a composição da obra derivaria de uma sugestão do Espírito Santo.

> Enquanto justamente hoje lia o Evangelho, o Espírito Santo, quase como quisesse me exortar a escrever sobre esse assunto [*quasi adhortaretur ad scribendum*], me fez cair a vista em uma passagem que confirma que também com relação a nós se pode falar de *officium* [*qua confirmaremur etiam in nobis officium dici posse*].[198]

Não é por acaso que a passagem em questão seja a versão latina de Lc 1,23, um dos dois lugares em que, como vimos, surge no Evangelho o termo *leitourgia*: *ut impleti sunt dies officii eius* [quando se completaram os dias do seu ofício] (referido às funções sacerdotais de Zacarias). "Então", conclui Ambrósio, "lemos na Escritura que podemos dizer *officium*" (um "podemos" que, depois da exortação do Espírito Santo, soa antes como um "devemos").

E não só na Sagrada Escritura, ele acrescenta imediatamente, mas também a razão prova que os cristãos podem usar o termo, se é verdade, segundo a etimologia que Ambrósio retoma de Donato, que *officium* deriva de *efficere* ("*quandoquidem officium ab efficiendo dictum*" [visto que se diz *officium* a partir do efetuar]). A etimologia terá sorte entre os autores cristãos, que a retomarão, de Isidoro a Sicardo e Durando, acrescentando a fórmula tautológica (paronímica) "*quia unusquisque debet efficere suum officium*" (que não significa "cada um deve fazer seu dever", mas antes "cada um deve tornar efetiva sua condição social").

Desde o início são assim fixados, quase por si mesmos, os três pontos essenciais da estratégia de Ambrósio: 1) transferir para a Igreja e cristianizar

---

[196] Ambrósio, *Ep.*, 1, 4.

[197] Cícero, *De off.*, 1, 7, 24.

[198] Ambrósio, *Ep.*, 1, 8, 25.

86 • Opus Dei

o conceito de *officium*; 2) *officium* traduz *leitourgia* e não somente *kathēkon*; 3) ele remete àquela esfera da operatividade que Ambrósio, com vimos[199], sabe ser própria do mistério cristão.

8. Exatamente como seu modelo ciceroniano, do qual os estudiosos sublinharam o caráter desorganizado e "improvisado"[200], o livro de Ambrósio pareceu também aos leitores modernos incoerente, repetitivo e, sobretudo, sem originalidade. Em realidade, o molde frequentemente servil ao texto ciceroniano e a ausência de originalidade deixam de parecer surpreendentes se se compreende que eles são perfeitamente adequados ao objetivo que Ambrósio se propõe, que não é outro senão a introdução do conceito de *officium* na Igreja. É por isso que ele pode seguir pontualmente a argumentação ciceroniana, substituindo, contudo, a cada vez os *exempla* pagãos por exemplos tratados pela Sagrada Escritura. Aos episódios da história romana e grega correspondem agora os eventos da história dos hebreus; Abraão, Moisés, Davi, Salomão e Jacó tomam na argumentação o lugar de Atílio Régulo, Catão, Pompeu, Cipião, Filipe da Macedônia e Tibério Graco.

Bastante estreito é o entrelaçamento de *officia* e virtude que os exemplos bíblicos têm a tarefa de documentar. Assim como Cícero derivava das quatro partes do *honestum* outros tantos gêneros de ofícios e virtudes, Ambrósio, retomando ponto a ponto o elenco ciceroniano (*prudentia, iustitia, fortitudo, temperantia*), afirma que "dessas quatro virtudes nascem os gêneros dos ofícios [*ab his quattuor virtutibus nascuntur officiorum genera*]". Desse modo, através da simples substituição dos *exempla*, os *officia* pagãos tornam-se cristãos, as virtudes estoicas, virtudes cristãs, o decoro dos senadores e dos magistrados romanos, dignidade e *verecundia* [decoro] dos ministros cristãos.

Compreende-se então por que um mestre da prosa como Cícero e um orador sutil como Ambrósio possam aparentemente cair em "fraseados desconexos" (segundo o editor de uma recente edição italiana) e em uma "falta de coerência interna"[201]. O significado dos dois livros não está nem na *inventio* nem na *dispositio* – os dois pilares da retórica latina. O que está em jogo é, antes, em ambos os casos, essencialmente terminológico e político:

---

[199] Ver p. 57-8 desta edição.

[200] Em Cícero, *Les devoirs* (org. Maurice Testard, Paris, Les Belles Lettres, 2002), p. 14.

[201] Wolf Steidle, "Beobachtungen zu des Ambrosius' Schrift 'De officiis'", *Vigiliae christianae*, Leiden, Brill, n. 38, 1984, p. 19.

trata-se, assim, em um caso, de fazer entrar e tecnicizar – com o pretexto de uma tradução do grego – na política e na moral um conceito estranho a elas; no outro, de transferir pontualmente o *officium* ciceroniano para a Igreja a fim de fundar a praxe dos sacerdotes. Mas, como geralmente acontece, uma transformação terminológica, se exprime uma mutação na ontologia, pode resultar tanto eficaz e revolucionária quanto uma transformação material. Endossando as vestes e a máscara do *officium*, não só as virtudes, mas, com elas, o inteiro edifício da ética e da política suporta um deslocamento do qual devemos talvez agora medir as consequências.

9. Nem Cícero nem Ambrósio dão uma definição do ofício. O primeiro, que no proêmio da obra afirma que toda discussão do problema devia começar definindo *quid sit officium*, omite-se depois de fazê-lo e limita-se a articular o tratamento por intermédio de uma dupla divisão; o segundo declara explicitamente renunciar a uma definição em favor da exemplificação. Na falta de uma definição, convém agora, para Ambrósio, refletir sobre a etimologia do termo por ele sugerida, que contém, talvez, uma útil indicação. Repetindo, como vimos, a etimologia de Donato (*ab efficiendo*), ele acrescenta, porém, uma especificação singular: "*officium ab efficiendo dictum putamus, quasi* efficium: *sed propter decorem sermonis una immutata littera*" ["julgamos se diz *officium* a partir do efetuar, *efficium* por assim dizer: mas em função da correção da fala, a letra não se modificou"][202]. Desse modo, pela fabulação de um vocábulo inexistente (*efficium*), o termo é reconduzido forçadamente à esfera da efetualidade e do *effectus* (*efficere* significa *aliquid ad effectum adducere* ["levar algo a efeito"]): o *officium* não é definido pelo *opus* de um *operari*, mas por um *efficium* de um *efficere*, é, assim, pura efetualidade.

Diezinger trouxe à luz a estreita correlação que os textos litúrgicos estabelecem entre *officium* e *effectus*. A ação litúrgica (o *officium* em sentido lato) resulta do concurso de dois elementos distintos e, ao mesmo tempo, inseparáveis: o *ministerium* do sacerdote – o *officium* em sentido estrito, que age só como causa instrumental – e a intervenção divina – o *effectus* –, que o realiza e torna efetual. Uma série de textos extraídos dos antigos sacramentários e do *Missale romanum* engrandece quase obsessivamente essa correlação: "*id quod fragili supplemus officio, tuo potius perficiatur effectu* [...]

---

[202] Ambrósio, *Ep.*, 1, 8, 26.

88 • Opus Dei

ut quod nostro ministratur officio, tua benedictione potius impleatur [...] *quod humilitatis nostrae gerendum est ministerio, virtutis tuae compleatur effectus* [...] *ad piae devotionis officium et ad tuae sanctificationi effectu*" ["o que no ofício suprimos de modo tão frágil é aperfeiçoado pela tua efetividade [...] de modo que o que é ministrado por nosso ofício seja preenchido pela tua bênção [...] o que deve ser executado pelo nosso humilde ministério seja completado pelo efetividade da tua força [...] visando ao ofício da santa devoção e à efetividade da tua santificação"][203]. E quanto essa correlação é estreita e entendida como uma verdadeira e própria biunidade resulta para além de toda dúvida do mais antigo formulário para a degradação do bispo indigno: "*Sic spiritualis benedictionis et delibationis mysticae gratiae, quantum in nobis est, te privamus, ut perdas sacrificandi et benedicendi et officium et effectum*" ["Assim, no que depende de nós, privamos-te da bênção espiritual e do gozo da graça mística, de modo que perdes tanto o ofício quanto a efetividade do sacrificar e do bendizer"][204]. *Officium* e *effectus* são distintos e, todavia, inseparavelmente conexos, de modo que sua biunidade constitui aquela efetualidade da ação litúrgica, da qual o bispo é agora excluído.

10. Reflita-se sobre a paradoxal estrutura circular que resulta desses exemplos e sobre as implicações que ela pode ter para a concepção da ação humana e da ética. A ação é cindida em dois elementos, sendo que o primeiro deles, o *ministerium* (ou *officium* em sentido estrito), define somente o ser e a ação instrumental do sacerdote e, como tal, é apresentado em termos de humildade e imperfeição ("*fragili officio* [...] *humilitatis nostrae ministerio*"). O segundo, que realiza e aperfeiçoa o primeiro, é de natureza divina e, todavia, é, por assim dizer, inscrito e contido no primeiro, de maneira que o correto cumprimento da função sacerdotal implica de modo necessário e automático a realização do *effectus* (reconhece-se aqui a dualidade de *opus operantis* e *opus operatum* através da qual a escolástica definirá o mistério litúrgico).

O *effectus* divino é determinado pelo ministério humano e este pelo *effectus* divino. Sua unidade efetual é o *officium-efficium*. Isso significa, porém, *que o* officium *institui entre ser e praxe uma relação circular, pela qual o ser do sacerdote define sua praxe e esta, por sua vez, define o ser*. No *officium*, ontologia e praxe tornam-se indecidíveis: o sacerdote deve ser o que é e é o que deve ser.

---

[203] Walter Diezinger, *Effectus in der römischen Liturgie*, cit., p. 73, 106.

[204] Ibidem, p. 79.

O que está em jogo na estratégia de Ambrósio é, nesse ponto, perspícuo: trata-se de individualizar – para além dos princípios da ética antiga e, todavia, em continuidade com ela – um conceito pelo qual pensar e definir a ação do sacerdote e da Igreja em seu conjunto.

Se o problema da Igreja primitiva era conciliar uma dignidade espiritual (a posse dos carismas) com a execução de uma função jurídico-burocrática e a celebração do *mysterium* divino com o cumprimento de um *ministerium* humano, o conceito ciceroniano de *officium*, que não designava um princípio ético absoluto, mas um "dever em situação" (segundo a fórmula que Durando toma de Isidoro: "*proprius vel congruus actus uniuscuiusque personae secundum mores et leges civitatis vel instituta professionis*" ["ato próprio ou congruente de qualquer pessoa segundo os costumes e as leis civis ou da profissão instituída"])[205], fornecia um modelo coerente para fazer coincidir na medida do possível os dois aspectos.

O que resta é, como vimos, um paradigma ético paradoxal, no qual o nexo entre o sujeito e sua ação se rompe e ao mesmo tempo se reconstitui num plano diverso: um agir que consiste inteiramente em sua irredutível efetualidade e cujos efeitos não são, todavia, verdadeiramente imputáveis ao sujeito que lhes põe em ser.

11. Em uma passagem do *De lingua latina*, Varrão distingue três modalidades do agir humano, que "por sua semelhança são erroneamente confundidas por aqueles que creem se tratar de algo unitário": *agere, facere, gerere*.

> Pode-se de fato fazer [*facere*] algo e não atuá-lo [*agere*], como o poeta que faz o drama, mas não o atua [*agere* significa também "recitar"]: ao contrário, o ator atua o drama, mas não o faz. Assim o drama é feito pelo poeta, mas não atuado, e pelo ator é atuado, mas não feito. Ao contrário, o *imperator* [o magistrado investido do poder supremo], com relação ao qual se usa a expressão *res gerere*, nisso não faz nem age, mas *gerit*, isto é, assume e sustenta [*sustinet*], termo transferido daqueles que levam os pesos (*onera gerunt*), na medida em que o sustentam.[206]

A distinção entre *facere* e *agere* deriva, em última análise, de Aristóteles, que, em uma célebre passagem da *Ethica Nicomachea*, opõe um ao outro desta maneira: "o gênero do agir [*praxis*] e aquele do fazer [*poiēsis*] são di-

---

[205] Guilherme Durando, *Rationale divinorum officiorum*, cit., v. 2, p. 14.

[206] Varrão, *On the Latin Language*, cit., 6, 77, p. 245.

90 • Opus Dei

versos [...]. O fim do fazer, de fato, é outro do próprio fazer; o fim da praxe não poderia, ao contrário, ser outro: agir bem [*eupraxia*] é em si mesmo o fim"[207]. Nova e tipicamente romana é, ao contrário, a identificação da terceira espécie de ação humana: o *gerere*.

Gerere, que equivale originalmente a "levar", na linguagem político-jurídico significa "governar, administrar, executar um encargo" (*rem publicam gerere, gerere magistratum, honores, imperium*). Com uma análoga evolução semântica, também o verbo *sustinere* adquire o significado político de "assumir um encargo" (*munus sustinere in re publica*). Enquanto, para Aristóteles, o paradigma da ação política é a praxe, *gerere* designa então o conceito especificamente romano da atividade daquele que é investido de uma função pública de governo. O *imperator*, o magistrado investido de um *imperium*, não age nem produz, sua ação não é definida, como o fazer, por um resultado externo (a obra) nem tem em si mesma seu fim: *ela se define por seu próprio exercício, por seu assumir e executar uma função ou um ofício*. Nesse sentido, Varrão pode dizer que o magistrado "assume e sustenta" (*sustinet*) sua ação: vitalizando o círculo efetual entre *munus* e exercício, entre *ministerium* e *effectus*, a ação coincide aqui com a efetuação de uma função que resta a ela mesma definir. O *gerere* é, nesse sentido, o paradigma do *officium*.

א Na última frase da passagem citada, o manuscrito mais relevante do *De lingua latina* (o Laurenciano LI, 10) não há *onera gerunt*, mas *honera gerunt*. Enquanto *sustinere* é possível dizer também de pesos (*onera*), *gerere* não se usa nunca com *onera*, mas é comum a expressão *gerere honores*. O escriba que no século XI copiou o manuscrito não conhecia o sentido clássico de *gerere* com relação a *honores* e substituiu esse termo pelo mais banal *onera*, esquecendo-se de apagar o *h*. Corrigindo *onera* com *honores*, a passagem soaria: "termo transferido para aqueles que exercitam as funções públicas, na medida em que as assumem e sustentam", que dá um sentido certamente melhor.

12. A natureza do ofício e de seu *gerere* ilumina-se singularmente se a colocamos em relação com a esfera do comando, ou seja, com o ato próprio do *imperator*.

Reflita-se sobre a natureza inteiramente especial do comando, que não é propriamente um ato (por isso Varrão pode dizer que aquele que comanda "não faz nem age", porém assume e suporta), mas tem sentido somente

---

[207] Aristóteles, *Eth. Nic.*, 1140b 4-5.

Genealogia do ofício • 91

enquanto toma por objeto e assume sobre si a ação de um outro (que supostamente deve obedecer, isto é, seguir o comando). Assim, como fez notar Magdelain[208], o imperativo define o modo verbal próprio do direito (*ius esto, emptor esto, piaculum dato, sacer esto, exta porriciunto, paricidas esto*), enquanto o estatuir da norma, em si vazia, tem sempre por objeto o comportamento ou a ação de um indivíduo externo a ela. Mas, justamente por isso, não é fácil definir do ponto de vista semântico o significado do imperativo, que, nas línguas indo-europeias, coincide morfologicamente com o tema verbal: não há, de fato, nenhuma diferença substancial entre a ação expressada no plano constativo ("ele caminha") e a mesma ação realizada em execução de uma ordem ("caminhe!"). E, todavia, o fim de uma ação realizada para seguir uma ordem não é somente aquilo que resulta da natureza do ato, mas é (ou pretende-se que seja) também e antes de tudo a execução de uma ordem. (Por isso – ao menos até os processos que se seguiram à Segunda Guerra Mundial – pensava-se que aquele que obedece a uma ordem não deveria responder pelas consequências de seu ato).

Aqui se pode ver a proximidade entre a ontologia do comando e a ontologia do ofício que procuramos definir. Tanto aquele que segue uma ordem quanto aquele que realiza um ato litúrgico não *são* simplesmente nem simplesmente *agem*, mas são determinados em seu ser por seu agir e vice-versa. O oficial – como o oficiante – é o que deve e deve o que é: é, portanto, um ser de comando. A transformação do ser em dever-ser, que define tanto a ética quanto a ontologia e a política da modernidade, tem aqui seu paradigma.

א A estrutura peculiar do *officium* se reflete em âmbito canônico nas discussões entre aqueles que consideram o ofício um tipo objetivo e aqueles que o consideram um tipo subjetivo. Segundo os primeiros, o ofício enquanto realidade institucional (*ministerium, dignitas, honor*) é algo como um elemento objetivo, definido por um esquema normativo de comportamento e substancializado em um *titulus* e em um *beneficium* (um provento econômico); para os segundos, ao contrário, é essencialmente um *munus*, uma atividade desempenhada por um sujeito no exercício de uma função[209]. Contudo, basta considerar com maior atenção os termos da disputa para constatar que se trata, na realidade, de dois aspectos de um mesmo fenômeno. Certamente a tradição canônica parece sublinhar a prioridade do elemento subjetivo do exercício

---

[208] André Magdelain, *Jus imperium auctoritas. Études de droit romain* (Roma, École Française de Rome, 1990), p. 34-42.

[209] Ver Antonio Vitale, *L'ufficio ecclesiastico* (Nápoles, Jovene, 1965), p. 101.

("*officium datur principaliter non propter dignitatem, sed propter exercitium*")[210]; mas que os dois elementos constituam os dois polos de um único sistema, dentro do qual se fundem e definem um ao outro, resulta, para além das oscilações terminológicas, da estreitíssima correlação que os textos estabelecem entre elemento objetivo e elemento subjetivo do *officium*. Assim, segundo Panormitano, a prelatura é um encargo (*honor*) que é conferido, porém, não para a honra, mas para o serviço que implica ("*non datur propter honorem, sed propter onus*"); exatamente por isso, todavia, ao prelado é devida uma honra ("*in consequentia praelato debetur honor*")[211]; e na decretal que regula o cerimonial da ordenação, sob a rubrica *de sacra unctione* [da santa unção], lê-se que "*caput inungitur propter auctoritatem et dignitatem, et manus propter ministerium et officium*" ["a cabeça será ungida por causa da autoridade e da dignidade e a mão por causa do ministério e do ofício"][212].

Quando os canonistas modernos, para conciliar as duas posições, concebem o ofício como uma "situação subjetiva" ou como uma "competência-dever", que estabelece para um certo sujeito a legitimação (e o dever correlato) para realizar certos atos em virtude de seu encargo ou função, eles não fazem senão confirmar a circularidade que vimos definir a praxe litúrgica.

א Compreende-se agora o pertencimento do conceito de causa instrumental, pelo qual Tomás explica a ação sacramental. Assim como o instrumento, por definição, age só na medida em que é movido pelo agente principal, a eficácia da ação ministerial deriva não da pessoa do ministro, mas da função e do ofício que ele desenvolve. Nesse sentido, nas palavras de Varrão, o ministro não age, mas assume e "sustenta" a ação implícita em sua função.

É interessante refletir nessa perspectiva sobre o conceito de "função", que parece estreitamente conexo ao de ofício (*officio fungi*; *munere, consulatu fungi* [funções de ofício; funções do cargo, do consulado]). Foi justamente observado que "funcionar significa agir como se fosse um outro, na qualidade de *alter ego* de alguém, pessoa singular ou comunidade. Ter uma função significa não só ser competente para realizar atos dos quais outro leva, em confrontação com o agente, a responsabilidade, mas agir reconhecidamente, claramente como tal"[213]. O termo "função" nomeia a vicariedade constitutiva do ofício. A analogia com o paradigma da causa instrumental em Tomás, no qual Deus age através daquele que exerce a função sacerdotal, é evidente.

---

[210] Ibidem, p. 98.

[211] Idem.

[212] Ibidem, p. 132.

[213] Pietro Gasparri, s. v. Competenza in materia amministrativa, em *Enciclopedia del diritto* (Milão, Giuffrè, 1961), v. 8, p. 35.

Limiar

O influxo talvez mais decisivo que o *officium* como paradigma da praxe sacerdotal exerceu sobre a ontologia ocidental foi a transformação do ser em dever-ser e a consequente introdução do dever como conceito fundamental na ética.

Reflita-se sobre a singular circularidade que vimos definir o *officium*. O sacerdote deve realizar seu ofício enquanto é sacerdote e é sacerdote enquanto realiza seu ofício. O ser prescreve a ação, mas a ação define integralmente o ser: isso e não outra coisa significa "dever-ser". O sacerdote é aquele ente cujo ser é imediatamente uma tarefa e um serviço – isto é, uma liturgia.

Essa insubstancialidade do sacerdócio, na qual ontologia e praxe, ser e dever-ser entram em um durável limiar de indiferença, é provada pela doutrina do *character indelebile* [caráter indelével] que, a partir de Agostinho, sanciona a ordenação sacerdotal. Como demonstra a absoluta impossibilidade de identificar para ele um conteúdo substancial, o *character* não exprime senão um grau zero da efetualidade litúrgica, que se atesta como tal ainda no ponto em que o sacerdote foi elevado a *divinis*. Isso significa que o sacerdócio, do qual o *character* é a cifra, não é um predicado real, mas pura assinatura, que manifesta somente o excesso constitutivo da efetualidade sobre o ser.

Daí a qualidade tendencialmente evanescente do sujeito que a assinatura marca e constitui. Porque tem por ser o que faz e faz o que é, o sujeito do ato litúrgico não é verdadeiramente tal (no plano teológico, isso se exprime na tese segundo a qual sua ação, enquanto *opus operatum*, é movida por um outro, isto é, por Cristo). Em realidade, qualquer um que crê dever um ato pretende não ser, mas ter de ser. Pretende, portanto, resolver-se integralmente em liturgia. A ação como liturgia, e esta como relação circular entre ser e praxe, entre ser e dever-ser: esse é o legado inquietante que a modernidade, do momento em que colocou o dever e o ofício no centro de sua ética e de sua política, mais ou menos conscientemente aceitou sem o benefício de inventário. É para essa transformação do ser em dever-ser – sobre a proximidade ontológica entre comando e ofício nela implícita – que devemos agora orientar nossa investigação.

4.
AS DUAS ONTOLOGIAS, OU COMO O DEVER ENTROU NA ÉTICA

1. Quem percorre as páginas de *Genealogia da moral* não pode fazer menos que notar uma curiosa lacuna. As três dissertações pelas quais Nietzsche articulou o livro traçam respectivamente uma crítica genealógica da oposição "bem/mal, bom/mau", da culpa e da má consciência e, enfim, dos ideais ascéticos. Falta, todavia, uma genealogia do conceito talvez fundamental – pelo menos a partir de Kant – da ética moderna: o dever. Este é certamente evocado na segunda dissertação, a propósito da culpa, que é reconduzida à noção de dívida e à relação credor-devedor (o termo alemão para "culpa" – *Schuld* – significa também "dívida"); mas Nietzsche concentra-se aqui sobretudo no nexo entre sentimento de culpa, má consciência e ressentimento. Que a importância do conceito de dever não pudesse, naturalmente, ter-lhe escapado está provado pelos fragmentos que acompanham a redação da obra, nos quais lemos, por exemplo: "O problema: *Deve!* Uma inclinação que não consegue dar fundamento a si mesma, similar nisso ao instinto sexual, não cairia sob a condenação dos instintos, mas seria, ao contrário, o critério de valor e o juiz"[214]. E, todavia, malgrado essa e outras anotações semelhantes, quarta dissertação sobre o dever não foi incluída no livro.

As exclusões têm em geral, boas razões, que nesse caso eram perfeitamente conscientes. O fato é que justamente o mestre de Nietzsche, Schopenhauer, havia dedicado à genealogia do dever um capítulo do escrito de 1840, "Über die Grundlage der Moral" [Sobre o fundamento da moral]. Aqui, sob a rubrica "Von der imperativen Form der kantischen Ethik" ["Sobre a forma imperativa

---

[214] Friedrich Nietzsche, *Opere: Frammenti postumi, 1885-1887* (orgs. Giorgio Colli e Mazzino Montinari, Milão, Adelphi, 1975), v. 8, t. 1, p. 265; ver ibidem, p. 151.

96 • Opus Dei

da ética kantiana"], lemos que o "teor da ética em uma forma imperativa, tal qual a doutrina do dever [*Pflicht*], e a ideia do valor e do não valor moral das ações humanas enquanto cumprimento ou transgressão de deveres provêm, juntamente com a obrigação [*Sollen*], inegavelmente da moral teológica e primeiramente do Decálogo"[215]. Segundo Schopenhauer, o imperativo teológico, que tinha sentido somente em vista de uma punição ou de um prêmio e não podia ser separado destes, foi sub-repticiamente transferido por Kant para a filosofia, onde assumiu a forma contraditória de um "dever absoluto ou categórico". Enquanto a moral kantiana se funda, nesse sentido, sobre "pressupostos teológicos escondidos" – é, na verdade, uma "teologia moral" (*Moraltheologie*) –, pode-se dizer que ela produziu "um resultado do que deveria ser o princípio ou a premissa (a teologia), e [...] por premissa o que deveria ser inferido como resultado (o comando)"[216].

Uma vez identificada sua origem teológica, Schopenhauer pôde desmascarar ou, ao menos, ler sob uma nova luz a definição do "conceito fundamental da ética kantiana, o dever: 'a necessidade de uma ação por respeito à lei' [*die Nothwendigkeit einer Handlung, aus Achtung vor dem Gesetz*]"[217]. O sintagma "necessidade de uma ação" não é outro, segundo Schopenhauer, que a transcrição "artificialmente escondida e um tanto forçada" da palavra "deve" (*soll*), que, como tal, remete à língua do Decálogo[218]. Em consequência, a definição citada, "'dever é a necessidade de uma ação com respeito à lei', significaria em linguagem livre e descoberta, sem máscara: 'dever é uma ação que deve ocorrer por obediência [*aus Gehorsam*] com respeito a uma lei'. Esse é o núcleo"[219].

A genealogia esboçada por Schopenhauer, muito provavelmente correta, mostra quão pouco é feito quando se retira a máscara de algo, colocando-lhe a nu a origem escondida. Reportando a ética kantiana a seu pressuposto teológico não se ganha muito, de fato, quanto ao que deveria interessar em primeiro lugar, isto é, à compreensão do paradigma prático que ela pro-

---

[215] Arthur Schopenhauer, *Über die Grundlage der Moral*, em *Werke in zehn Bänden: Die beide Grundprobleme der Ethik* (org. Angelika Hübscher, Zurique, Diogenes-Verlag, 1977), v. 6, p. 123 [ed. bras.: *Sobre o fundamento da moral*, São Paulo, Martins Fontes, 2001].

[216] Ibidem, p. 124.

[217] Ibidem, p. 134.

[218] Ibidem, p. 135.

[219] Idem.

duziu e à estrutura e às características específicas da ação humana que nela está em questão. Como Foucault havia sugerido, fazer uma genealogia não significa "retirar todas as máscaras, para desvelar finalmente uma identidade primeira"[220]; significa, antes, através de uma análise minuciosa dos detalhes e dos episódios, das estratégias e das táticas, das mentiras e das verdades, dos *détours* e das vias principais, das práticas e dos saberes, tentar substituir, no caso que nos interessa, a pergunta previsível "qual é a origem da ideia de dever?" pelas assaz menos óbvias "o que está em jogo na estratégia que leva a conceber a ação humana como um *officium*?" e "qual é a natureza de um ato litúrgico, ou seja, de um ato que se deixa definir integralmente em termos de *officium*?".

2. Decisivo é que, na tradição litúrgica, o vínculo entre os dois elementos da ação, o *officium* e o *effectus*, seja concebido segundo o modelo potência- -ato. Não somente, como vimos, *effectus* traduz nas versões mais antigas o grego *energeia*, mas nos missais e nos sacramentários o *effectus* divino realiza e aperfeiçoa (*perficiatur, impleatur, compleatur...*) cada vez o que era de qualquer modo em potência na ação do sacerdote. Segundo o apelo que o texto do *Missale Romanum* dirige a Deus: "*vere dignum [...] aeterne Deus, qui invisibili potentia tuorum sacramentorum mirabiliter operaris effectum*" ["verdadeiramente digno [...] eternamente Deus, que pelo teu poder invisível operas maravilhosamente a efetividade dos teus sacramentos"][221].

Também aqui, todavia, a passagem do paradigma da *energeia* para o da efetualidade implica uma novidade não desprezível. Enquanto, em Aristóteles, *dynamis* e *energeia* eram duas categorias ontológicas, dois "modos no qual o ser se diz", que designavam como dois modos diversos da presença, agora está em questão o estatuto da praxe, a relação entre determinada função – o *munus* e o *ministerium* do sacerdote – e seu tornar-se efetual (o *effectus*).

Convirá refletir sobre as diferenças e, ao mesmo tempo, sobre as analogias entre o modelo aristotélico e o cristão. Se, no exemplo aristotélico do arquiteto[222], *dynamis* e *energeia* são os dois modos distintos e homogêneos da presença do ser-arquiteto, no caso do sacerdote, *officium* e *effectum* são os dois elementos (heterogêneos) cujo concurso define a praxe litúrgica. Em

---

[220] Michel Foucault, *Dits et écrits: 1970-1975* (Paris, Gallimard, 1994), t. 2, p. 138.

[221] Walter Diezinger, *Effectus in der römischen Liturgie*, cit., p. 78.

[222] Aristóteles, *Met.*, 1046b 32 ss.

ambos os casos, porém, é decisivo o problema que permite a passagem da potência para o ato e do *ministerium* para o *effectus*. Na tradição aristotélica, o elemento que assegurava essa passagem era a *hexis* (em latim, *habitus*) e o *locus* no qual o problema enfrentado era a teoria das virtudes (isso explica por que em Cícero e em Ambrósio a análise do *officium* termina no tratamento das virtudes). Uma arqueologia do *officium* deverá, portanto, necessariamente confrontar-se com o modo pelo qual os teólogos, retomando a impostação aristotélica, articulam a doutrina dos *habitus* e das virtudes.

3. Uma compreensão da teoria aristotélica das virtudes deve iniciar-se do trecho da *Ethica Nicomachea* no qual elas são definidas como "hábitos" (*hexeis*): "Porque na alma se produzem três coisas: paixões [*pathē*], potências [*dynameis*] e hábitos [*hexeis*], a virtude [*aretē*] será uma dessas três"[223]. A inscrição da virtude na esfera dos hábitos, que se segue imediatamente, é motivada somente por exclusão: como não são nem paixões nem potências, "resta que as virtudes são hábitos"[224]. Virtude será, por conseguinte, aquela *hexis* "a partir da qual [*af' hēs*] o homem se torna bom [*agathos gignetai*] ou fará bem sua obra [*eu to heautou ergon apodōsei*]"[225].

A correta interpretação de um conceito ou de uma teoria depende da compreensão preliminar do problema com o qual estavam destinados a medir-se. Como acontece com frequência, todavia, esse problema não pode ser individualizado somente permanecendo no interior do tratado sobre a ética, mas exige um confronto com a teoria da *hexis* que Aristóteles desenvolve no livro Teta da *Metafísica*. O tema desse livro é a cisão do ser em potência (*dynamis*) e ato (*energeia*). Só a partir dessa cisão da ontologia é possível compreender por que a ética aristotélica devia tomar a forma de uma teoria das virtudes, dos hábitos (*hexeis*). Se o ser é dividido em potência e ato, ocorrerá de fato algo que torne possível, regular e operável a passagem de uma para outro. Esse elemento, que define e articula a passagem da potência da mera generalidade (a potência segundo a qual dizemos que a criança pode aprender a escrever ou tocar flauta) para a potência efetiva daquele que já sabe escrever ou tocar flauta e pode, então, pô-la em ato, é a *hexis*, o hábito (*hexis* de *echō*, "ter") da potência.

---

[223] Idem, *Eth. Nic.*, 1105b 19-20.

[224] Ibidem, 1106a 12.

[225] Ibidem, 1106a 24.

As duas ontologias, ou como o dever entrou na ética • 99

É nesse segundo modo de potência que Aristóteles concentra sua atenção. No *De anima*, ele opõe assim àquele que exerce em ato um saber ou uma técnica dois modos (*tropoi*) do ser em potência:

Em um primeiro sentido, um ser é sábio no modo em que dizemos sábio o homem em geral, enquanto o homem como tal é capaz de saber e ter uma ciência. Em um segundo sentido, dizemos sábio aquele que, por exemplo, tem [*echonta*] a ciência da gramática. Ambos são em potência, mas não no mesmo modo: no primeiro, em potência são o gênero e a matéria [*to genos kai hē hylē*]; o segundo, ao contrário, quando o decide, pode saber em ato [*hoti boulētheis dynatos theōrein*], se nenhum obstáculo externo o impede. Finalmente, há aquele que, exercendo o saber, está em ato [*entelecheiai ōn*, possui-se em seu fim] e sabe em sentido próprio que essa coisa é a letra *a*. Os dois primeiros são sábios em potência [*kata dynamin*]: mas o primeiro na medida em que se transforma através da aprendizagem, passando muitas vezes de um hábito para seu contrário [isto é, para a privação, *sterēsis*, que, para Aristóteles, é o inverso da *hexis*], o segundo, ao contrário, de outro modo, passando do ter [*echein*] a sensação e a gramática sem exercê-la em ato para o exercê-la em ato [*eis to energein*].[226]

O hábito é, então, o modo no qual um ser (especificamente, o ser humano) "tem" em potência uma técnica, um saber ou uma faculdade, "tem" uma potência de saber e agir. Ele é, portanto, o ponto no qual o ser transpassa a ter. Mas justamente isso constitui a *hexis* como um conceito aporético. Essencial à teoria aristotélica do hábito é, de fato, que esse "ter" se mantenha em relação constitutiva com sua privação (*sterēsis*). Lê-se na *Metafísica*:

O que é potente é assim tanto porque tem algo quanto porque não está privado [*esterēsthai*]. Mas se a privação [*sterēsis*] é de qualquer modo um hábito [*hexis*] [...] então cada coisa será potente através do ter [*echein*] um certo hábito ou princípio e através do ter a privação deste, admitido que se possa ter uma privação.[227]

Essa relação com a privação (ou, como ele ainda diz, com a *adynamia*, a impotência ou potência de não) é essencial para Aristóteles, porque é só através dela que a potência pode existir como tal, independentemente de seu passar ao ato. O significado estratégico do conceito de hábito é que, nele, a potência e o ato são separados e, todavia, mantidos em relação. Só enquanto o hábito é também hábito de uma privação, a potência pode permanecer e se controlar, sem se perder sempre no ato. Por isso, a tese decisiva sobre a

---

[226] Idem, *De anima*, 417a 22-30 [ed. bras.: *De anima*, São Paulo, Editora 34, 2007].

[227] Idem, *Met.*, 1019b 6-10.

100 • Opus Dei

potência-hábito soa: "Toda potência é impotência do mesmo e segundo o mesmo [*tou autou kai kata to auto pasa dynamis adynamia*]"[228]. Ter a *hexis* de uma potência significa poder não exercê-la. No *De anima*, o hábito é comparado ao sono, no qual um homem tem a ciência, mas não a mente em ato: "A vigília é similar ao saber em ato, o sono a um ter sem exercer [*echein kai mē energein*]"[229]. Algo como um sujeito da *hexis* se constitui somente através dessa possibilidade de não usá-la. Como Aristóteles não se cansa de repetir contra os megáricos, tem verdadeiramente uma potência aquele que pode tanto colocá-la quanto não colocá-la em ato[230].

‫א‬ No trecho citado do livro Teta da *Metafísica*[231], a edição Ross* traz "*pasa dynamis adynamiai*", "toda potência está em impotência", que, para o sentido, não é muito diverso, mas traduz o desconforto dos editores diante de uma afirmação tão radical. Os manuscritos mais relevantes e, significativamente, o comentário de Alexandre de Afrodísias trazem a lição *adynamia* "toda potência é impotência".

‫א‬ No seminário de Le Thor de setembro de 1966, Heidegger perguntou de improviso aos participantes: "Qual é o conceito fundamental de Aristóteles?". Como ninguém respondeu, o mais jovem dentre eles sugeriu, não sem temor, "*Kynēsis*, o movimento", resposta que se revelou exata. A teoria da potência e do hábito é, na verdade, para Aristóteles, um modo de introduzir o movimento no ser, e o trecho citado da *Ethica Nicomachea*[232] é a prova. Aristóteles não diz "é bom", mas "torna-se bom" (*agathos gignetai*): em questão está não só a passagem do ser para o ter, mas também do ser para o agir e do agir para o ser. Segundo um paradigma que marcou com suas aporias a ética ocidental, o virtuoso se torna o que é e é o que se torna.

4. Somente se situada no contexto da teoria do hábito, a concepção aristotélica das virtudes adquire seu sentido próprio. Pelo conceito de *hexis*, Aristóteles havia dado realidade e consistência à potência e feito possível sua particular relação com o ato (uma potência que passasse já sempre cegamente ao ato ou que, como a potência genérica, não tivesse nenhuma relação com o ato não podia lhe interessar); mas propriamente o que havia

---

[228] Ibidem, 1046a 30.

[229] Idem, *De anima*, 412a 35.

[230] Ver idem, *Met.*, 1046b 29; 1047a 25.

[231] Ibidem, 1046a 30.

* William David Ross foi um filósofo escocês que traduziu criticamente vários textos aristotélicos. O autor se refere à sua edição, tornada clássica. (N. T.)

[232] Idem, *Eth. Nic.*, 1106a, 22-23.

As duas ontologias, ou como o dever entrou na ética • 101

assegurado cidadania filosófica à *hexis*, ou seja, sua relação com a privação, tornava agora problemático pensar concretamente a sua passagem ao ato. Se o hábito é também privação, potência de não passar ao ato, quem e o que será capaz de determiná-lo a essa passagem?

Mesmo assinalando ao hábito um lugar essencial na relação entre potência e ato e situando desse modo a *hexis* em certo sentido para além da oposição potência/ato, Aristóteles não deixa todavia de confirmar a supremacia do *ergon* e do ato sobre o simples hábito. "O fim de toda coisa", escreve ele na *Ethica Eudemia*, "é o *ergon*: é evidente então que o *ergon* é melhor que o hábito"[233]. E, ainda na *Ethica Nicomachea*, a imagem do sono como cifra daquele que tem uma *hexis*, mas não a usa, retorna, mas com um significado inteiramente negativo:

> Há uma grande diferença entre o pôr a coisa melhor na posse [*en ktēsei*] ou no uso [*en chrēsei*], no hábito [*en hexei*] ou no ato [*en energeiai*]. Porque pode haver um hábito que não produz nenhum bem, como ocorre em quem dorme ou em quem está de outro modo inoperoso, mas para a *energeia* não é assim: agirá com necessidade e agirá bem.[234]

A teoria das virtudes é a resposta ao problema da inoperosidade* do hábito, a tentativa de tornar governável a relação essencial que o lega à privação e à potência-de-não (*adynamia*). Daí a insuficiência e as aporias da aretologia que Aristóteles transmitiu à ética ocidental. A virtude (*aretè*) é, de fato, "um certo hábito" (*hexis tis*)[235] e, ao mesmo tempo, algo que, no hábito, o torna capaz de passar ao ato e agir do melhor modo. Por isso, a definição aristotélica da virtude supracitada é, em certo sentido, dupla e situa-se tanto no plano do ser quanto no da ação: "a virtude é um hábito a partir do qual (ou graças ao qual: *af' hēs*) o homem se torna bom [*agathos gignetai*] e a partir do qual (ou graças ao qual) fará bem a sua obra [*eu to heautou ergon apodōsei*]"[236]. A

---

[233] Idem, *Eth. Eud.*, 1219a 9-10.

[234] Ibidem, 1098b 30-31.

* Assim como *inoperoso* traduziu *inoperoso*, *inoperosidade* traduz aqui *inoperosità*, palavra cuja importância no projeto filosófico do autor é evidente, especialmente a partir da publicação de *O reino e a glória* e *Nudità*, embora apareça neste livro apenas uma única vez. Respeitamos, assim, a diferença entre *inoperatividade* ou *inatividade*, também em suas versões positivas. (N. T.)

[235] Aristóteles, *Met.*, 1022b 14.

[236] Idem, *Eth. Nic.*, 1106a 22-23.

repetição do *af' hēs* sublinha o duplo estatuto do hábito-virtude, conjuntamente ontológico ("torna-se bom") e prático ("fará bem a sua obra").

De que modo, entretanto, essa espécie de hábito que é a virtude pode obter esse resultado não é definido de nenhuma maneira, senão através do frequente exercício que o transforma em "habitude" (*ethos*). Em uma passagem da *Ethica Eudemia*, que devia exercer uma forte influência sobre a escolástica, esse nexo entre habitude e tornar operativo do hábito virtuoso é expresso com veemência:

> Como também seu nome mostra que ele deriva da habitude [*ethos*], um caráter [*ēthos*] não inato, pela educação, pela via do frequente ser movido de certo modo, é habituado a se tornar ao fim operativo [*energētikon*], o que não vemos nos seres inanimados, porque se joga para o alto milhares de vezes uma pedra, não se conseguirá fazê-la mover-se sem esforço.[237]

E que o nexo entre virtude ética e habitude sirva para tornar o hábito governável em vista da ação e da passagem ao ato é dito na definição do caráter moral que se segue imediatamente: "portanto o caráter moral será uma qualidade da alma capaz de seguir a razão segundo uma racionalidade de comando [*kata epiktatikon logon*]".

א Justamente porque Aristóteles pensa a ação a partir da potência-hábito, que mantém um nexo originário com a privação e a potência de não passar ao ato (*echein kai mē energein*, ter sem exercer), sua ética deve necessariamente terminar em uma aporia (isto é, em uma "ausência de via"). A teoria da virtude, que deveria tornar possível a passagem, resta em sua essência uma etologia, ou seja, uma teoria da habitude-caráter, porque todos os elementos aos quais Aristóteles recorre para governar, através da virtude, a ação (como a escolha, *proairesis*, e a vontade, *boulēsis*) são evidentemente acidentais e, pressupondo um sujeito externo à potência, não têm nenhuma base no hábito que deveriam guiar. Por isso a virtude aristotélica se apresenta ora como uma propriedade ontológica (uma modalidade do hábito), ora como uma qualidade da obra e da ação, e uma mesma obra define tanto a *hexis* quanto a ação e seu sujeito ("uma mesma obra pertence tanto à coisa quanto à virtude, ainda que não do mesmo modo: assim, um sapato é obra tanto da arte dos calçados quanto da ação do sapateiro, pela qual, se há uma virtude sapateira e um bravo sapateiro, o bom sapato será a obra de ambos")[238]. Pela mesma razão, Aristóteles pode afirmar que "o *ergon* é melhor que a *hexis*" e, ao mesmo tempo, sustentar, com perfeita circularidade, que "quanto melhor é a *hexis*, tanto melhor o *ergon*"[239].

---

[237] Idem, *Eth. Eud.*, 1220b 1-5.

[238] Ibidem, 1219a 19s.

[239] Ibidem, 1219a 6.

As duas ontologias, ou como o dever entrou na ética • 103

Daí resulta que o hábito é o lugar lógico no qual algo como uma teoria da subjetividade poderia ter nascido. O Bartleby de Melville, ou seja, por definição um homem que tem a potência de escrever, mas não pode exercê-la, é a perfeita das aporias da ética aristotélica.

5. É sobre o fundo aporético da ética aristotélica que a teoria escolástica das virtudes em sua relação com o *officium* torna-se plenamente inteligível. A proximidade entre *officium* e virtude, que, já implícita em Cícero e Ambrósio, constitui a prestação específica da ética da escolástica tardia, possui, de fato, o escopo de conferir efetualidade à virtude no governo do hábito e da potência. Por isso, na *Summa* de Tomás, o tratamento das virtudes é precedido de uma teorização do problema do *habitus*[240], que articula e desenvolve de modo sistemático os apontamentos esparsos na obra de Aristóteles.

Antes de tudo, o hábito se apresenta aqui como a forma especificamente humana da potência. Enquanto as potências naturais são determinadas por uma só operação ("*secundum se ipsas sunt determinae ad unum*") e, por isso, não precisam de um hábito para poder passar ao ato, a potência humana pode operar em modos e com fins diversos ("*se habet ad multa*") e precisa então de um princípio que a disponha à operação. Esse princípio, que determina a potência humana, em si constitutivamente indecisa, à ação, é o *habitus*[241]. Mas o hábito distingue a potência humana da potência natural também por outra razão. A potência de um agente natural é sempre e somente princípio ativo de sua ação, como se vê no fogo, que somente pode esquentar ("*sicut in igne est solum principium activum calefaciendi*"). O ato de tal agente não pode jamais traduzir-se em um hábito: "por isso as coisas naturais não podem nem contrair habitudes nem perdê-las" ("*et inde est quod res naturales non possunt aliquid consuescere vel dissuescere*"). Os atos humanos são, ao contrário, seja princípio ativo, seja princípio passivo de sua ação e, nesse segundo aspecto, produzem os hábitos. A passividade é então o fundamento específico do *habitus* humano: "tudo que é passivo e é movido por outro está disposto pelo ato do agente; portanto, pela repetição dos atos, produz-se na potência passiva que é movida uma certa qualidade, que se diz hábito"[242].

---

[240] Tomás de Aquino, *S. Th.*, I-II, qq. 49-54.

[241] Ibidem, qu. 49, art. 4.

[242] Ibidem, qu. 51, art. 2.

104 • Opus Dei

O que define propriamente o hábito é, segundo Tomás, sua conexão essencial com a ação. Respondendo positivamente à pergunta "se o hábito implica uma disposição da ação", Tomás afirma que todo hábito, enquanto se refere a uma potência, é constitutivamente ordenado ao ato (*"primo et principaliter importat ordinem ad actum"*)[243]. É por essa proximidade essencial com o ato que o hábito é definido como "ato primeiro" (*actus primus*) com respeito à operação concebida como *actus secundus*[244]. E, desenvolvendo a afirmação de Averróis de acordo com a qual "o hábito é aquilo por meio do que se age quando se quer", a sede do hábito é colocada na vontade:

> Ocorre que na vontade e em toda força apetitiva há algo que a inclina em direção ao seu objeto. Com relação àquelas coisas em direção às quais a natureza mesma da potência é suficientemente inclinada, não há necessidade de uma especial qualidade inclinante. Como, porém, é necessário para o fim da vida humana que a força apetitiva seja inclinada em direção a um fim determinado, para o qual não é inclinada pela natureza da potência, que nos homens é disposta em direção a coisas múltiplas e diversas, ocorre que na vontade e nas outras forças apetitivas há qualidades inclinantes que se dizem hábitos.[245]

A conexão aporética entre o hábito e o poder não passar ao ato, que definia o *echein kai mē energein* do dormente aristotélico, é colocada, assim, entre parênteses.

6. É essa ordenação constitutiva do hábito à ação que a teoria das virtudes desenvolve e impele ao extremo. Desde o início do tratado sobre as virtudes na *Summa*[246], a virtude é definida sem reservas – com um termo que recorda aquele (*operatorius*) com o qual Ambrósio havia definido a operatividade do verbo de Cristo – "hábito operativo" (*habitus operativus*). Se a virtude é uma perfeição da potência e esta é potência seja de ser (*ad esse*), que concerne ao corpo, seja de agir (*ad agere*), que concerne às faculdades racionais, a virtude humana se refere só à potência de agir: "a virtude humana, da qual aqui falamos, não pode concernir ao corpo, mas só ao que é próprio da alma. Portanto ela não implica uma ordem ao ser, mas ao agir. Pertence então à própria definição da virtude humana que ela

---

[243] Ibidem, qu. 49, art. 3.

[244] Idem.

[245] Ibidem, qu. 50, art. 5.

[246] Ibidem, II-II, qu. 55-67.

As duas ontologias, ou como o dever entrou na ética • 105

seja um hábito operativo"[247]. Se, com relação à *hexis* aristotélica, o *habitus* tomista estava já orientado em direção à ação, a virtude é o dispositivo que deve garantir seu pertencimento ao ato, seu ser em todo caso "operativo".

Dado que, contudo, um hábito pode ser operativo também com relação ao mal, é necessário que o hábito virtuoso possa ser definido como "bom". Com relação à simples potência, que pode dispor-se tanto ao bem quanto ao mal, o hábito bom se distingue do mau não porque tem um objeto bom, mas porque está em harmonia com a natureza do agente (*"habitus bonus dicitur qui disponit ad actum convenientem naturae agentis"* ["diz-se hábito bom para aquele que dispõe para o ato condizente com a natureza do agente"])[248]. Do mesmo modo, a virtude implica a perfeição de uma potência, mas o mal não conhece perfeição e é, por assim dizer, constitutivamente "enfermo" (*"omne malum defectum quemdam importat; unde et Dionysios dicit quod omne malum est infirmum"* ["todo mal implica algum defeito; daí que também Dionísio diz que todo mal é enfermo"]). Portanto, se, em última instância, "toda virtude é necessariamente ordenada ao bem, então também a virtude humana, que é um hábito operativo, será um hábito bom e operativo do bem [*bonus habitus et boni operativus*]"[249].

Decisiva não é aqui a coerência do argumento, da qual se pode auferir a consequência de que não o bem define a potência, mas a perfeição ou a imperfeição desta determinam o que é bem e o que é mal. Essencial, ainda uma vez, é a efetualidade da virtude, seu tornar operativo o hábito. A bondade da virtude é sua efetualidade, seu impelir e orientar a potência em direção a sua perfeição. E esta não consiste, para o homem, no ser, mas no operar, e só através da ação o homem se assemelha a Deus:

> própria do homem não é a virtude com respeito ao ser [*virtus ad esse*], mas só aquela virtude que concerne ao agir racional, que é próprio do homem [...]. E porque a substância de Deus é sua ação, a suprema assemelhação do homem a Deus ocorre através de uma operação qualquer. Portanto [...] a felicidade ou a beatitude, através da qual o homem é maximamente conforme a Deus, que é o fim da vida humana, consiste em um operar [*in operatione consistit*].[250]

---

[247] Ibidem, qu. 55, art. 2.

[248] Ibidem, qu. 54, art. 3.

[249] Idem.

[250] Ibidem, qu. 55, art. 2.

7. A definição da virtude que se segue (que o artigo inscreve significativamente sob a rubrica: "Existe uma definição conveniente da virtude?") repete observações já feitas, sem medir-se com os problemas e as aporias com as quais a argumentação havia se embatido. Tanto o caráter absolutamente operativo da virtude quanto sua indefectível direção ao bem são confirmados; mas o que confere à virtude seu poder e o que a diferencia daquele outro hábito operativo que é o vício não é explicado:

> O fim da virtude, enquanto hábito operativo, consiste na própria operação. Mas deve-se notar que alguns hábitos operativos são sempre direcionados ao mal, como os hábitos viciosos; alguns voltados para o bem e outros voltados para o mal, como a opinião, que pode ser tanto verdadeira quanto falsa; ao contrário, a virtude é sempre direcionada ao bem.[251]

Por um lado, o fim da virtude consiste em sua própria operatividade, mas, por outro, enquanto é uma forma de hábito, ela se refere necessariamente à natureza do sujeito com o qual deve convir. A própria expressão "hábito operativo" parece em si mesma contraditória, na medida em que remete conjuntamente à ontologia (o hábito) e à praxe (a operatividade). A virtude é aquilo através do que o ser se indetermina em praxe e o agir se substancializa em ser (ou, nas palavras de Aristóteles, aquilo graças a que um homem "se torna bom" e, ao mesmo tempo, aquilo graças a que "faz bem a sua obra").

Nesse sentido, a definição da virtude apresenta mais do que uma analogia com a circularidade que caracteriza a efetualidade do *officium*. O sacerdote deve realizar seu ofício enquanto é sacerdote, mas é sacerdote enquanto realiza seu ofício. E, assim como o sujeito do ato litúrgico não é verdadeiramente tal, mas é movido por Cristo *ex opere operato*, o sujeito do ato virtuoso é movido pelo hábito operativo, tanto que Tomás pode escrever que, na virtude, "Deus opera em nós sem nós" ("*Deus in nobis sine nobis operatur*")[252].

Não surpreende, então, que, na pessoa do sacerdote, virtude e ofício entrem em uma tenaz constelação. Por isso, já a partir de Ambrósio, os tratados sobre o ofício sacerdotal são também tratados sobre as virtudes do sacerdote. Tanto o ofício quanto a virtude são retidos no mesmo círculo: o bom (o virtuoso) é tal porque age bem e age bem porque é bom (virtuoso).

---

[251] Ibidem, I-II, qu. 55, art. 4.

[252] Idem.

As duas ontologias, ou como o dever entrou na ética • 107

8. O lugar tópico no qual virtude e ofício entram em um limiar de indeterminação é a teoria da *religio*. Aqui, na definição do *status religionis* como virtude, a tradição litúrgi`ca do *officium* e aquela dos tratados morais sobre as virtudes unem-se na figura de uma virtude cujo conteúdo essencial é um dever e de um *officium* que se apresenta em todo sentido como uma virtude.

Considere-se o tratamento da *religio* na *Summa*, na qual a "religião" é elencada entre as "virtudes anexas à justiça"[253]. Tomás inicia com uma breve análise da etimologia do termo, aquela de Isidoro (que retorna a Cícero) de *relegere* (*"religiosus a religione appellatus, qui retractat et tamquam relegit ea quae ad cultum Domini pertinent"* ["religioso se diz a partir de religião, que retrata e como que relê as coisas pertinentes ao culto divino"]) e aquela agostiniana de *religare* (*"a religando, ut Agostinus: religet nos religio uni omnipotenti deo"* [a partir de religar, conforme Agostinho: a religião nos religa ao Deus uno onipotente"]). Em ambos os casos, a religião designa uma relação especial e exclusiva do homem com Deus (*"religio ordinat hominem solum ad Deum"* ["a religião ordena o ser humano somente a Deus"])[254].

Mas é no artigo 2, para responder à pergunta "se a religião seria uma virtude", que a relação essencial entre virtude e dever é formulada pela primeira vez. Se a virtude, segundo a definição aristotélica, "é o que torna bom aquele que a possui e boas as suas obras [*virtus est quae bonum facit habentem et opus eius bonum reddit*]", então toda ação boa pertencerá necessariamente à virtude. E porque, segundo toda a evidência, devolver a alguém o devido (*"reddere debitum alicui"*) é um bem, a religião, que consiste no render a Deus a honra que lhe é devida (*"reddere honorem debitum Deo"*), é por excelência uma virtude.

À objeção de que a virtude pressupõe uma vontade livre e não uma obrigação como aquilo que define o serviço que o homem deve a Deus, Tomás responde que "também um servo pode voluntariamente fazer o que deve a seu patrão, fazendo assim da necessidade virtude [*et sic facit de necessitate virtutem*]; do mesmo modo, exibir a Deus o serviço que lhe é devido [*debitam servitutem*] pode ser um ato de virtude". E, "enquanto opera as coisas que diretamente e imediatamente são ordenadas em honra a Deus, a religião é a mais eminente das virtudes morais [*praeminet inter alias virtutes morales*]"[255].

---

[253] Ibidem, II-II, qu. 81.

[254] Ibidem, art. 1.

[255] Ibidem, art. 6.

108 • Opus Dei

Reflita-se sobre o singular paradigma prático que está em questão aqui e parece constituir de qualquer maneira o modelo do "dever de virtude" (*Tugendpflicht*) kantiano e pré-kantiano. No conceito de uma virtude cujo único objeto é um *debitum*, de um ser que coincide integralmente com um ter de ser, virtude e *officium* coincidem sem resíduos. O "dever-ser" é, portanto, o dispositivo que permite aos teólogos resolver a circularidade entre ser e agir na qual restava presa a doutrina das virtudes. O ato realizado graças à inclinação operativa do hábito virtuoso é, na realidade e na mesma medida, a execução de um dever. Fazendo literalmente "da necessidade virtude", o religioso é, ao mesmo tempo, inclinado ao dever e obrigado à virtude.

9. Um indício do processo que leva a coincidir tradição litúrgica com tradição ética é a evolução do conceito de "devoção". Os teólogos não perderam jamais a consciência da origem pagã da *devotio*, com a qual o comandante consagrava a própria vida aos deuses infernais para obter a vitória em uma batalha. Ainda Tomás sabe perfeitamente que "*olim, apud gentiles, devoti dicebantur qui se ipsos idolis devovebant in mortem pro sui salute exercitus*" ["desde sempre, entre os gentios, chamam-se devotos aqueles que se devotaram aos próprios ídolos na morte, fazendo-o para sua salvação"][256] e que, portanto, "se dizem devotos aqueles que se votam de qualquer modo a Deus, de maneira a sujeitar-se totalmente a ele". E, todavia, já a partir de Tertuliano e Lactâncio, enquanto o termo *votum* mantém seu sentido técnico originário, o significado do termo *devotio* se transforma progressivamente para designar tanto a atividade cultual do fiel quanto a atitude interior com a qual é realizada. Os estudiosos da escola de Casel, que analisaram o uso do termo nos sacramentários mais antigos, falam a esse propósito de dois significados do termo, um moral e um litúrgico (assim, em Leão Magno, *devotio* significa algumas vezes simplesmente a celebração da eucaristia)[257]. Na realidade, não de dois significados se deveria falar, mas de dois aspectos de um único significado, um prático e exterior e um psicológico e interior. Para além dos textos litúrgicos em sentido estrito, de fato, o termo, em particular em âmbito monástico, designa sempre mais frequentemente a incondicionada dedicação interior que acompanha a realização dos atos exteriores da vida religiosa e,

---

[256] Ibidem, II-II, qu. 82, art. 1.

[257] Ver Augustinus Daniels, "Devotio", *Jahrbuch für Liturgiewissenschaft*, Münster, Aschendorff, n. 1, 1921, p. 47.

As duas ontologias, ou como o dever entrou na ética • 109

nesse sentido, a devoção é assimilada a uma virtude. Nas *Instituições cenobíticas*, de Cassiano, a devoção não apenas se apresenta como a diligente abnegação com que são realizados os ofícios monásticos (*"quae explere tanta devotione et humilitate"*)[258], mas, como tal, é classificada entre as virtudes, ao lado da fé e da justiça (*"tantae iustitiae, tantae virtutes, tanta fides atque devotio"*)[259].

Não surpreende, então, que, em Tomás, o tratamento da devoção siga imediatamente aquele da *religio*. Ela faz parte dos atos interiores da religião e designa nesse sentido a *prompta voluntas*, o entusiasmo diligente e a prontidão na realização dos atos do culto divino: "Pertence a uma mesma virtude fazer algo e ter uma pronta vontade de fazê-lo. Próprio da religião é operar os atos que pertencem ao culto divino, portanto também ter uma vontade pronta a segui-los, e isso significa ser devoto [*quod est esse devotum*]"[260]. Como na *religio* da qual faz parte, na devoção o *officium* se torna imediatamente virtude.

10. O problema da *religio*-virtude, ao qual Tomás dedica na *Summa* uma só questão, assume em Suárez as dimensões de um tratado em três livros. Segundo a estratégia característica do teólogo espanhol, o *De natura et essentia virtutis religionis* [Sobre a natureza e a essência da força da religião] não é somente – como de fato é – um comentário minucioso e fiel do texto da *Summa*, mas sim seu pontual e quase imperceptível deslocamento em um novo contexto sistemático-jurídico. Acima de tudo, o conceito de *debitum*, que em Tomás mal era formulado, torna-se a definição formal da religião e o núcleo em torno do qual gira todo o tratado.

Já no proêmio o escopo declarado do tratamento não é a análise teórica da essência da *religio*, mas a exibição prática e jurídica do *debitum* que está em questão. Como a divina sabedoria não se limita a iluminar a mente com a consciência, mas fornece também uma norma à vontade, assim a teologia seria menos louvável se se limitasse a iluminar a mente, sem dirigir os costumes (*"si mentem illustraret, non mores dirigeret"*). "Por isso", conclui Suárez, "não pude fazer menos que adentrar-me na explicação daquelas questões, que nos ensinassem a render a Deus o culto que lhe é devido [*quae nos Deo debitum cultum edocerent*]"[261].

---

[258] Cassiano, *Institutions cénobitiques* (org. Jean-Claude Guy, Paris, Cerf, 2001), p. 146.

[259] Ibidem, p. 438.

[260] Tomás de Aquino, *S. Th.*, II-II, qu. 82, art. 2.

[261] Francisco Suárez, *Opera omnia* (org. Charles Berton, Parisiis, Vivès, 1859), v. 13, p. 1.

110 • Opus Dei

Às citações de Isidoro e Agostinho, as quais Tomás remetia para a etimologia do termo *religio*, Suárez acrescenta uma de Lactâncio, que possui em seu centro a noção jurídica do *vinculum* que liga o homem a Deus ("*religionem dictam esse ab illo vinculo naturali, quo Deo obligamur*" ["a religião se refere ao vínculo natural pelo qual somos ligados a Deus"]). A definição da religião que se segue une estreitamente dever e hábito na ideia de uma virtude que é, ao mesmo tempo, um *officium*:

> o nome da religião se pode assim explicar corretamente: porque a criatura racional é ligada por um débito natural e por uma íntima inclinação a oferecer um culto ao seu autor, ela é ligada novamente [*religatur*] por uma escolha voluntária e por um hábito a ela acrescida. Por isso a virtude que cumpre esse *officium* pode-se chamar *religio*.[262]

Graças a essa coincidência de virtude e dever, nos capítulos sucessivos o *debitum* pôde ser constituído como "definição e objeto formal" ("*ratio et objectum formale*") da religião. Assim, o que define a *religio* como virtude não é simplesmente o fato de que, através dela, são prestados a Deus culto e honra, mas que estes lhe são prestados *somente na medida em que são devidos*: "a função da justiça é render o devido, mas a religião é parte da justiça [...] portanto, a honra e o culto de Deus reingressam na religião só na medida em que são devidos [*honor et cultus Dei non cadit in religione, nisi ut ei debitus*]"[263]. Por isso, contra aqueles que distinguem o dever religioso (que se deve a Deus em razão somente de sua excelência) do legal (que deriva também de um preceito jurídico), Suárez afirma a natureza propriamente legal do *debitum religionis*: "a religião [...] rende a Deus o culto que lhe é devido por seu direito [*iure proprio illi debitum*] e portanto o dever que ela cumpre não é genericamente moral, mas próprio e legal [*non utcumque morale, sed proprium et legale*]"[264]. Na ideia de um ser que se resolve integralmente em um débito, em um ter de ser, direito e religião coincidem necessariamente.

11. Dois pontos do tratado de Suárez nos interessam de modo particular. O primeiro é aquele em que ele especifica a natureza legal do vínculo que une na *religio* o homem a Deus com o termo "respeito" (*reverentia*, a mesma palavra com que Kant traduzirá, na *Metafísica dos costumes*, o termo alemão

---

[262] Ibidem, p. 5.

[263] Ibidem, p. 20.

[264] Ibidem, p. 22.

Achtung, que define o "sentimento não empírico" que o homem prova diante da lei moral). O respeito não coincide com a obediência, porque, enquanto o primeiro se refere à excelência da pessoa (*"directe respicere personam excellentem"*), a segunda concerne somente à norma concreta que emana dela (*"personae excellentis praeceptum"*)[265]. Se recorda-se que, para Suárez, o dever religioso tem caráter jurídico, tanto mais singular é a sutileza com que ele distingue o respeito (que é devido, por assim dizer, à lei como tal *propter excellentiam*, independentemente do conteúdo concreto das normas) da obediência, que se refere somente a determinado conteúdo normativo. A religião é aquela virtude que se refere a Deus por meio de um dever que deriva não de uma norma, mas do respeito que a lei como tal – ou, antes, o legislador – inspira.

O segundo ponto é aquele em que Suárez define o dever religioso como um "débito infinito". À diferença dos outros deveres humanos, o débito que está em questão na *religio* não pode ser satisfeito de uma vez por todas, porque é inexaurível em sua essência:

> Não pode acontecer, de fato, que a matéria e o débito da religião possam ser exauridos [*exhauriri possit*], porque é próprio dessa virtude que seu débito não possa nunca ser absolvido ou cumprido [*impleri solutione*], seja porque se trata de um débito de qualquer modo infinito [*debitum quodammodo infinitum*], seja porque ele cresce com sua própria satisfação, enquanto por meio deste o homem recebe um benefício ulterior. Isso não ocorre na justiça com respeito aos homens, cujo débito pode ser extinto com a satisfação, de modo que não haja lugar para exibir posteriormente a justiça. Através dos atos da religião, ao contrário, o homem não pode jamais exaurir o débito que possui diante de Deus.[266]

Na figura de uma virtude que não pode satisfazer completamente seu débito, faz sua primeira aparição na ética ocidental a ideia – tão cara aos modernos – de uma tarefa ou um dever infinito. Como escreverá Kant quase dois séculos depois, "a virtude é sempre *progressiva*, na medida em que com ela ocorra toda vez refazer-se do início. É sempre progressiva, porque, considerada objetivamente, é um ideal inatingível, para a qual se tem, contudo, o dever de aproximar-se constantemente"[267].

---

[265] Francisco Suárez, *Opera omnia*, cit., p. 13.

[266] Ibidem, p. 22.

[267] Immanuel Kant, *Die Metaphysik der Sitten* (1797), em *Werke in sechs Bänden: Schriften zur Ethik und Religionsphilosophie* (org. Wilhelm Weischedel, Darmstadt,

112 • Opus Dei

Aqui se vê com clareza que a ideia de um "dever-ser" não é somente ética nem somente ontológica: ela liga, antes, aporeticamente ser e praxe na estrutura musical de uma fuga, na qual o agir excede o ser não apenas porque lhe dita sempre novos preceitos, mas também e antes de tudo porque o ser mesmo não tem outro conteúdo além de um puro débito.

12. Na genealogia da ideia de dever, a carta de Samuel Pufendorf a Christian Thomasius de 17 de julho de 1688 ocupa um lugar particular. É nela que encontramos, de fato, afirmado pela primeira vez com clareza, ainda que ligeiramente, o princípio segundo o qual a categoria que deve guiar o tratamento da ética não é a virtude, mas o dever. Pufendorf escreve ao amigo:

> Aliás, considero um argumento forte para as pessoas razoáveis que não se deve organizar a moral segundo as onze virtudes de Aristóteles, a partir do momento em que posso demonstrar que elas são adequadas apenas a um certo gênero de república. E em geral [*in universum*] minha opinião é que não se deve organizar e tratar a moral segundo virtudes, mas segundo deveres [*die Morale nicht secundum virtutes, sed secundum officia einrichten und tractiren soll*].[268]

Visto que essa tese peremptória marca o ingresso na ética moderna daquela ideia de dever que não devia mais abandoná-la, será útil demorar-se nas modalidades e no contexto de sua enunciação. Antes de tudo, a objeção contra as virtudes é articulada em dois momentos, um mais específico e outro geral (*in universum*). O primeiro se refere ao fato de que, como Pufendorf havia sugerido na carta imediatamente precedente de 19 de junho, Aristóteles, ao formular sua ética, tinha em mente na realidade as democracias gregas, que detinham o melhor gênero de república. A essa formulação restrita segue-se a afirmação mais general, segundo a qual a ética não deve ser tratada segundo virtudes, mas sim deveres.

É característico das cartas de Pufendorf que se apresentem frequentemente como uma série de digressões (introduzidas cada vez com um apressado *sonsten*, "aliás"), que, ao menos em aparência, não parecem ter nenhuma conexão entre si. Nesse caso, o trecho precedente, do qual o paratático *sonsten* deveria tomar distância, contém uma crítica feroz do pensamento

---

Wissenschaftliche Buchhandlung, 1975), v. 4, p. 263 [ed. bras.: *A metafísica dos costumes*, Bauru, Edipro, 2008].

[268] Samuel Pufendorf, *Gesammelte Werke: Briefwechsel* (org. Detlef Döring, Berlim, Akademie-Verlag, 1996), v. 1, p. 197.

As duas ontologias, ou como o dever entrou na ética • 113

de Espinosa. Pufendorf, que na carta de 16 de junho havia evocado seu encontro com o filósofo, definido ironicamente como *"ein leichtfertiger Vogel* [um tipo leviano], *deorum hominumque irrisor* [que zomba dos deuses e dos homens], que havia reunido em um só volume o Novo Testamento e o Corão"[269], mostra conhecer bem seu pensamento, porque aponta a raiz de seu "desavergonhado ateísmo" (*"welcher ein unverschämter Atheist ist"*) no conceito de causa imanente: "na medida em que chama a Deus *causam immanentem omnium rerum* [causa imanente de todas as coisas], ele não diz nada de diverso do que haviam dito Orfeu segundo Aristóteles, Apuleio no *De mundo* e Virgílio no livro VI da *Eneida"*.

Os três trechos em questão (em particular os últimos dois) não contêm de modo nenhum uma negação da existência de Deus, mas uma formulação radical do panteísmo (*"omnia Iove plena esse"* ["todas as coisas estão repletas de Júpiter"] nas palavras de Apuleio[270]; a citação de Virgílio remete ao célebre *"spiritus intus alit, totamque infusa per artus/ mens agitat molem et magno se corpore miscet"* [um sopro vivifica interiormente (o céu, a terra etc.) e o espírito espalhado pelos membros (do mundo)/move a massa inteira e se mistura com esse grande corpo"][271]). Ateu, no discurso filosófico da época, não designa aquele que nega a existência de Deus, mas aquele que nega o governo divino do mundo, ou seja, a providência. É nesse sentido que Leibniz podia escrever de Espinosa que "ele era verdadeiramente ateu, isto é, não admitia a existência de uma providência dispensadora de bens e de males segundo justiça". Há, talvez, um nexo entre a crítica a Espinosa e a afirmação da centralidade do *officium* para a ética, que convirá agora indagar.

13. Em 1673, Pufendorf publica o *De officio hominis et civis* [Sobre o dever do homem e do cidadão], no qual sintetizava, organizando em torno do conceito de *officium*, os resultados de sua obra-prima, o *De iure naturae et gentium* [Sobre o direito natural e direito dos povos] (1672) e, ao mesmo tempo, realiza o projeto depois enunciado na carta a Thomasius de uma ética articulada segundo deveres e não segundo virtudes. No livro de 1672, a esfera dos fenômenos ético-jurídicos foi definida como aquela dos *entia*

---

[269] Ibidem, p. 195.

[270] Apuleio, *De mundo*, 34.

[271] Virgílio, *Aen.*, 6, 724-27 [ed. bras.: *Eneida*, trad. Tassilo Orpheu Spalding, São Paulo, Nova Cultural, 2003, p. 169].

moralia, isto é, com uma terminologia tomada por empréstimo justamente do ateu Espinosa, aqueles "modos" que se aderem aos entes físicos "para dirigir e temperar a liberdade das ações humanas voluntárias e para conferir à vida humana ordem e decoro"[272]. E, assim como as substâncias físicas pressupõem um espaço em que consistam e se movam, aos entes morais corresponde um "estado" (*status*) em que eles "exerçam suas ações e seus efeitos". A ação dos entes morais (em particular, das pessoas) na esfera do "estado" é definida por sua *imputativitas*, isto é, pelo fato de que ela e seus efeitos possam e devam ser imputados aos agentes. A obrigação que nasce dessas ações não coincide com a coação externa, mas penetra na própria vontade do agente, como uma espécie de sentido moral intrínseco ("*obligatio vero moraliter voluntatem afficiat et peculiari quasi sensu eandem intrinsece imbuat*")[273], que o impele a conformar-se ao prescrito pelo norma.

No *De officio*, "dever" (*officium*) é o termo que designa a ação humana na medida em que se conforma à obrigação que nasce do prescrito pela lei natural ("*officium* [...] *vocatur actio hominis, pro ratione obligationis ad praescriptum legis recte attemperata*"). O princípio fundamental da lei de natureza, a que o *officium* deve conformar-se, é a *socialitas*, que se enuncia nestes termos: "cada homem deve por quanto está em si cultivar e conservar a sociedade [*cuilibet homini quantum in se colendam et servandam societatem*]"[274]. É para fundar esse preceito e conferir-lhe força de lei que Pufendorf precisa não somente de um Deus, mas de um Deus transcendente que governe o mundo com sua providência: "para que esse preceito tenha força de lei [*vim legis obtineat*], é necessário pressupor que Deus exista e governe todas as coisas com sua providência [*deum esse et sua providentia omnia regere*]"[275]. À diferença das outras criaturas, de fato, o homem é constituído de tal modo que não pode sobreviver como ser humano sem a sociedade ("*citra socialem vitam*"): "o homem foi obrigado por Deus a observar a lei natural, não como um meio cogitado pelo arbítrio dos homens e mutável segundo seu prazer, mas constituído expressamente por Deus para obter esse fim"[276].

---

[272] Samuel Pufendorf, *Gesammelte Werke: De officio* (org. Gerhard Hartung, Berlim, Akademie-Verlag, 1997), v. 2, p. 14.

[273] Ibidem, p. 72.

[274] Ibidem, p. 23.

[275] Idem.

[276] Idem.

As duas ontologias, ou como o dever entrou na ética • 115

Por isso, não há diferença entre negar que Deus exista e negar que Deus tenha cuidado das coisas humanas: "ambas essas teses abolem integralmente toda religião [*cum utrumque omnem religionem plane tollat*]"[277]. Há então um nexo entre a crítica ao espinosismo e a posição do dever como categoria fundamental da ética: trata-se, em ambos os casos, de afirmar a solidariedade entre governo divino do mundo e imputabilidade das ações humanas. A tripartição dos deveres em deveres em relação a Deus, em relação a si mesmo e em relação aos outros sanciona essa solidariedade. Situado no vértice entre a *socialitas* humana e a providência divina, o *officium* torna possível e garante a efetividade do governo.

ℵ A contribuição específica da obra de Pufendorf é ter feito confluir no conceito de *officium* a tradição do jusnaturalismo. Antes dele, Hobbes já havia declarado, no prefácio ao *De cive* [*Do cidadão*], que o objetivo de seu tratado era definir "os deveres [*officia*] dos homens, primeiro enquanto homens e depois enquanto cidadãos", e é provável que o próprio título do livro de Pufendorf não seja mais que um compêndio desse programa. Mas, como Strauss demonstrou já em uma recensão de 1933 e depois no livro de 1936 sobre a *Ciência política de Hobbes*, Hobbes substitui na realidade a noção de dever por aquela de direito (o direito à conservação da vida, fundado não sobre um preceito divino, mas sobre o medo dos homens diante da morte violenta). Naturalmente, esse direito pode ser apresentado também como um dever, como toca por vezes ao próprio Strauss: "não há em Hobbes senão um só fundamento do dever: o medo da morte violenta"[278].

ℵ Em Jean Domat, a articulação do direito em termos de dever já está completa. Quando, no início de seu tratado sobre direito público (1697), o grande jurista francês define com o termo *devoir* o fundamento da *police générale d'un État* [polícia geral de um Estado], o que ele denomina com esse termo não é outro, porém, que o *officium* do qual procuramos reconstruir a genealogia. Escreve ele:

> *Tout le monde sait que la societé des hommes forme un corps dont chacun est membre, et cette verité que l'Écriture nous apprend et que la lumière de la raison nous rend évidente, est le fondement de tous les devoirs qui regardent la conduite de chacun envers tous les autres et envers le corps. Car ce sort de devoirs ne sont autre chose que les fonctions propres aux engagements où chacun se trouve par le rang qu'il tient dans le corps.* [Todo mundo sabe que a sociedade dos homens forma um corpo do qual cada um é membro, e essa verdade que a Escritura nos ensina e que a luz da razão nos torna evidente é o fundamento

---

[277] Ibidem, p. 24.

[278] Leo Strauss, "Einige Bemerkungen über die politische Wissenschaft des Hobbes", em *Gesammelte Schriften: Hobbes' politische Wissenschaft und zugehörigen Schriften – Briefe* (orgs. Heinrich Meier e Wiebke Meier, Stuttgart, Metzler, 2001), v. 3, p. 258.

116 • Opus Dei

de todos os deveres que concernem à conduta de cada um para com todos os outros e para com o corpo. Pois essa espécie de dever não é outra coisa senão as funções próprias dos engajamentos em que cada um se encontra pela posição que tem no corpo].[279]

Por isso, o termo *devoir* [dever] é estreitamente conexo em Domat com o de *conduite* [conduta]: a vida e a ação dos homens na sociedade é sempre "conduzida", isto é, objeto de um guia e de um governo.

14. Que o paradigma do ofício encontre sua extrema e mais aporética formulação na ética kantiana deveria ser previsível a essa altura. Visto que este não é certamente o espaço para uma investigação exaustiva da ética kantiana à luz do ofício, limitamo-nos, portanto, a indicar as conexões mais evidentes, que outros poderão integrar em detalhes.

É na última obra que Kant dedicou à moral, a *Metafísica dos costumes*, de 1797, que essas conexões se mostram com clareza também no plano terminológico. No centro de seu tratamento, Kant põe o conceito de "dever de virtude" (*Tugendpflicht*), isto é, o conceito de "um escopo que é ao mesmo tempo um dever"[280]. Trata-se, identificando dever e virtude, de fazer coincidir a dimensão da ética com aquela de uma ação cujo único motivo e impulso (*Treibfeder*) é o dever. Mas isso é exatamente o que define o paradigma do ofício, em particular naquela sua figura extrema que é a *religio*, na qual, como vimos, a teoria das virtudes foi solidamente unida ao ofício litúrgico, abrindo caminho para o projeto, já claramente formulado em Pufendorf, de uma ética fundada sobre os deveres. Se toda a tradição teológica que examinamos, de Ambrósio a Suárez, tende em última análise a atingir uma zona de indiferença entre virtude e ofício, a ética kantiana, com seu "dever de virtude", é a realização completa desse projeto. Aqui, porém, não se trata tanto de verificar as conexões genéticas imediatas (a ideia de um "dever da virtude" – *Pflicht der Tugend* – já está explicitamente formulada em Crusius e Meier, e Kant não precisava extraí-la novamente da teoria da *religio* em Suárez) nem de compreender que, se a ideia aberrante de uma ação realizada unicamente por dever (isto é, em obediência a um comando, e não por uma inclinação natural) pode penetrar e se impor na ética, foi somente porque a Igreja, através de uma praxe e uma teorização secular, havia elaborado o

---

[279] Jean Domat, *Le droit public. Suite des loix civiles* (Paris, Coignard, 1697), p. 2.

[280] Immanuel Kant, *Die Metaphysik der Sitten*, cit., p. 232.

As duas ontologias, ou como o dever entrou na ética • 117

ofício como modelo da atividade humana mais alta, encarnada no ofício do sacerdote e, antes ainda, no sacerdócio de Cristo. Nesse sentido, o "dever de virtude" não é outro senão a definição da vida devota que Kant havia assimilado através de sua educação pietista.

‫א‬ Em sua *Diretiva para viver razoavelmente* (1744), Crusius havia definido deste modo o conceito de um dever de virtude: "o fundamento da necessidade moral jaz em uma lei e em nossa responsabilidade de observá-la: chamamos portanto o dever correspondente de um dever de virtude [*Pflicht der Tugend*]"[281].

15. Se no ofício a garantia da efetualidade da ação litúrgica *ex opere operato* está em Cristo, o que em Kant toma o lugar de Cristo como garantia da efetualidade do dever é a lei. Na *Fundamentação da metafísica dos costumes*, o dever se define, de fato, como "a necessidade de agir por puro respeito à lei"[282]. O nexo essencial entre dever e lei é constantemente confirmado por Kant: "O conceito de dever é imediatamente ligado a uma *lei*"[283]; isso se resolve, portanto, em "uma obrigação [*Nöthigung*] ou constrição [*Zwang*] exercida pela lei sobre o livre arbítrio"[284].

Porque a constrição que está em questão na lei moral não é, como no direito, uma força externa, mas uma autoconstrição (*Selbstzwang*), que deve superar a resistência das inclinações naturais, Kant precisa de um dispositivo que torne operativa a autoconstrição do dever moral. Esse dispositivo é o "respeito" (*Achtung, reverentia*), ou seja, o próprio vínculo que, segundo Suárez, une imediatamente na *religio* o homem a Deus.

Quando Kant introduz o conceito de respeito na *Fundamentação da metafísica dos costumes*, definindo-o como a contraparte subjetiva da lei, deveria sentir-se tão pouco seguro que o acompanha de uma longa nota, na qual se preocupa em prevenir as possíveis objeções contra esse "sentimento obscuro", cuja proveniência da esfera teológica devia lhe ser de qualquer

---

[281] Christian August Crusius, *Die philosophischen Hauptwerke: Anweisung vernünftig zu leben* (org. Giorgio Tonelli, Hildesheim, Olms, 1969), v. 1, p. 201.

[282] Immanuel Kant, *Grundlegung zur Metaphysik der Sitten* (1785), em *Werke in sechs Bänden: Schriften zur Ethik und Religionsphilosophie* (org. Wilhelm Weischedel, Darmstadt, Wissenschaftliche Buchhandlung, 1975), v. 4, p. 60 [ed. bras.: *Fundamentação da metafísica dos costumes*, trad. Guido Antônio de Almeida, São Paulo, Discurso Editorial/Barcarolla, 2009].

[283] Idem, *Die Metaphysik der Sitten*, cit., p. 239.

[284] Ibidem, p. 227.

118 • Opus Dei

maneira familiar. "A mim pode-se objetar", escreve ele, "que com a palavra 'respeito' tento refugiar-me em um sentimento obscuro, ao invés de esclarecer o problema fazendo apelo a um conceito da razão"[285]. As explicações racionais que ele fornece nesse ponto arriscam-se, contudo, a ser ainda mais obscuras que o "sentimento" que deveriam esclarecer. Este não é, de fato, à diferença dos outros sentimentos relacionados a uma inclinação ou a um temor, "um sentimento súbito" (ou patológico), mas "um sentimento que a razão *produz de si*"[286]. A *Crítica da razão prática* confirma essa origem anômala, dizendo que o respeito pela lei moral "é um sentimento que vem produzido mediante um princípio intelectual" e que é, portanto, o único sentimento "que conhecemos absolutamente *a priori*"[287]. Tal sentimento *a priori* não é, na realidade, um sentimento, mas "exprime simplesmente a consciência da *subordinação* da minha vontade à lei"[288]. Assim, não é nada além do reconhecimento e do efeito da sujeição a um comando, que define a forma própria da lei:

> Somente o que é ligado à minha vontade simplesmente como princípio e nunca como efeito, o que não é servo da minha inclinação, mas a domina ou ao menos a coloca inteiramente fora de jogo na escolha, em suma a simples lei por si mesma, pode ser objeto de respeito, portanto de um comando.[289]

> O que reconheço imediatamente como lei para mim reconheço-o com respeito [...]. A determinação imediata da vontade por parte da lei e a consciência do que recebe o nome de *respeito*, que é assim o *efeito* da lei sobre o sujeito e não a *causa* da lei.[290]

Como a *reverentia* em Suárez, que não é devida a uma norma concreta (*praeceptum personae excellentis*), mas à excelência da pessoa como tal (*persona excellens*), o respeito não se refere a um comando específico, mas à lei em geral, a conformidade à qual deve se tornar o único motivo da ação: "Se se desnuda a vontade de todos os impulsos que possam vir do que segue à

---

[285] Idem, *Grundlegung zur Metaphysik der Sitten*, cit., p. 57, nota b.

[286] Idem.

[287] Idem, *Kritik der praktischen Vernunft* (1788), em *Werke in sechs Bänden: Schriften zur Ethik und Religionsphilosophie* (org. Wilhelm Weischedel, Darmstadt, Wissenschaftliche Buchhandlung, 1975), v. 4, p. 91 [ed. bras.: *Crítica da razão prática*, São Paulo, Martins Fontes, 2003].

[288] Idem, *Grundlegung zur Metaphysik der Sitten*, cit., p. 57, nota b.

[289] Ibidem, p. 56.

[290] Ibidem, p. 57, nota b.

As duas ontologias, ou como o dever entrou na ética • 119

observância da lei, não resta senão a conformidade da ação à lei em geral [...] ou seja, devo comportar-me de modo a *poder também querer que minha máxima se torne uma lei universal*"[291].

16. Na primeira parte da *Metafísica dos costumes*, Kant define a natureza do comando e do dever a partir do direito nos termos de uma constrição externa e, logo depois, transfere essa definição à moral na forma da auto-constrição (*Selbstzwang*). A estrutura do imperativo e do dever citada na definição – a constrição do livre querer através de uma lei – resta, todavia, a mesma, independentemente do fato de que provenha de fora (constrição jurídica) ou de dentro (constrição ética)[292].

O paradoxo da autoconstrição, que torna necessária a introdução determinante do conceito de vontade, consiste em que ela deve ter a forma objetiva da constrição e, ao mesmo tempo, a forma subjetiva de um impulso (*Triebfeder*):

> Assim, porém, como o homem é um ser *livre* (moral), o conceito de dever, se se considera a determinação interna da vontade (o impulso), não pode conter outra constrição senão aquela que *nos impomos por nós mesmos* (apenas com a representação da lei). Somente de tal modo é de fato possível conciliar essa *constrição* [*Nöthigung*] (ainda que seja externa) com a liberdade da vontade, mas agora o conceito de dever reentrará no domínio da ética.[293]

Na *Crítica* o dever ético (o "dever de virtude") é definido como aquele que, graças ao respeito, apresenta-se ao mesmo tempo como um impulso: "o conceito de dever requer então na ação, *objetivamente*, o acordo com a lei, mas na máxima desta, *subjetivamente*, o respeito da lei, como o único modo de determinação da vontade mediante a lei"[294]. Precisamente por isso, todavia, Kant é constrangido, para poder definir o *monstrum* de um dever que é também um impulso e de uma vontade que se deixa livremente determinar pela lei, a conjugar entre eles os verbos modais de modo paradoxal: o homem "deve assim sentir-se capaz de *poder* fazer [*können*] o que a lei lhe comanda absolutamente *dever* fazer [*dass er thun soll*]"[295]. O dever

---

[291] Ibidem, p. 58.

[292] Idem, *Die Metaphysik der Sitten*, cit., p. 227.

[293] Ibidem, p. 228.

[294] Idem, *Kritik der praktischen Vernunft*, cit., p. 100.

[295] Idem, *Die Metaphysik der Sitten*, cit., p. 228.

120 • Opus Dei

ético é "poder o que se deve". Na *Fundamentação*, essa conjugação paradoxal alcança sua formulação extrema: se todos os imperativos, tanto jurídicos quanto morais, são expressão de um dever (*Sollen*), verdadeiramente ético será aquele dever que terá a forma de um "deve-se poder querer [*man muss wollen können*]": "Deve-se *poder querer* que uma máxima da nossa ação se torne uma lei universal: eis o cânone do juízo moral em geral"[296]. O verbo "poder", que exprime a possibilidade de uma ação, um poder fazer, é subordinado de modo contraditório a um "dever" e tem por objeto não um fazer, mas um "querer": e é esse vácuo, entrelaçamento ininteligível das categorias modais, que define o paradigma do comando da lei moral. Coligados nessa fórmula, os verbos modais se sustentam e se anulam um ao outro. Quando se considera a centralidade da noção de vontade em Kant, é melhor não esquecer que ela tem seu fundamento nesse entrelaçamento paradoxal.

17. Procurando, na *Crítica*, dar um conteúdo emotivo a esse sentimento vazio (que consiste, por assim dizer, somente na eliminação de todos os conteúdos emotivos e todas as inclinações), Kant não encontra senão aquele "efeito simplesmente negativo"[297], que é a humilhação: "O efeito dessa lei sobre o sentimento é simplesmente uma humilhação, que, portanto, conhecemos certamente *a priori*, mas na qual não podemos conhecer a força da lei pura prática como motivo, mas apenas a resistência aos motivos da sensibilidade"[298]. O respeito é, assim, o sentimento – puramente negativo e em si privado de todo prazer – da sujeição a um comando: "Ele, então, como *sujeição* a uma lei, isto é, como comando (que significa violência para um sujeito afeito sensivelmente) não contém nenhum prazer, mas antes, nesse sentido, desprazer pela ação em si"[299]. O respeito é, assim, o grau zero do sentimento, ou aquele sentimento (ou aquele desprazer) que resta quando todas as inclinações naturais e todos os sentimentos "patológicos" (isto é, passivos) foram excluídos como motivos da ação.

Nesse ponto, Kant pode coligar respeito (*Achtung*) e dever (*Pflicht*). A ação realizada unicamente por respeito à lei chama-se, assim, "dever":

---

[296] Idem, *Grundlegung zur Metaphysik der Sitten*, cit., p. 82.

[297] Idem, *Kritik der praktischen Vernunft*, cit., p. 97.

[298] Idem.

[299] Ibidem, p. 99.

As duas ontologias, ou como o dever entrou na ética • 121

A consciência de uma sujeição livre da vontade à lei, ligada, todavia, a uma coerção inevitável que é afeita a todas as inclinações, mas só mediante a própria razão, é o respeito da lei [...]. A ação que, segundo essa lei, com exclusão de todos os motivos determinantes, é objetivamente prática, chama-se *dever*; o qual, por essa exclusão, contém em seu conceito um *constrangimento* prático, isto é, uma determinação das ações, ainda quanto mal *volentieri* ele traga.[300]

Não surpreende que Kant deva confessar que o sentimento de respeito assim definido permaneça "impenetrável para a razão especulativa", malgrado as explicações que lhe forneceu e as funções decisivas que ele desempenha na ética, e remeta, em última análise, a uma constatação fictícia tão simples quanto improvável. Escreve ele na *Crítica da razão prática*:

não há por que se maravilhar se acreditamos impenetrável [*unergründlich*] para a razão especulativa esse influxo de uma ideia simplesmente intelectual sobre o sentimento e se devemos nos contentar com isso, que se pode conhecer *a priori* que um tal sentimento é indivisivelmente ligado à representação da lei moral em todo ser racional finito.[301]

Se, ainda na *Metafísica dos costumes*, a origem do respeito permanece "imperscrutável" (*unerforschliche Ursprung*)[302], isso acontece porque ele, exatamente como o dever, não tem outro conteúdo senão a sujeição ao comando da lei. Por isso Kant deve insistir na precedência do respeito sobre o dever e colocar-se em guarda contra o círculo vicioso que de outra maneira se verificaria entre respeito e dever: "Fazer dele um dever seria, então, fazer um dever do dever mesmo [*zur Pflicht verpflichtet*]"[303]. Como sentimento vazio ou de grau zero, o respeito não é senão a sombra que o dever – isto é, que a coerção diante do comando da lei – projeta sobre o sujeito.

א Em 1963, Jacques Lacan, em um célebre ensaio, propunha uma leitura paralela de Kant e Sade[304] na qual o objeto da lei e o objeto do desejo reprimido eram identificados. Podemos nos perguntar se, como Gilles Deleuze sugeriria cinco anos depois, a subversão da lei kantiana já não teria sido realizada por Sacher-Masoch de maneira mais eficaz que por Sade. O virtuoso kantiano e o masoquista coinci-

---

[300] Idem.

[301] Ibidem, p. 98-9.

[302] Idem, *Die Metaphysik der Sitten*, cit., p. 251.

[303] Ibidem, p. 255.

[304] Jacques Lacan, "Kant avec Sade", *Critique*, n. 191, 1963, e em *Écrits* (Paris, Seuil, 1966), *passim* [ed. bras.: *Escritos*, trad. Inês Oseki-Depré, São Paulo, Perspectiva, 2008].

122 • Opus Dei

dem, de fato, precisamente naquilo que ambos encontram seu elemento próprio unicamente no dever e na humilhação, ou seja, na execução de um comando. Nesse sentido, a ética kantiana – e, com ela, grande parte da ética moderna – é essencialmente masoquista. À primeira vista, no entanto, o masoquista difere do virtuoso kantiano, porque, enquanto para este o comando não contém nenhum prazer, aquele encontra seu prazer na humilhação. Não basta dizer, contudo, que o masoquista sente prazer no ser humilhado pelo comando da lei; cumpre acrescentar que o masoquista sente prazer no fato de que a lei sente prazer em humilhá-lo. O masoquista, de fato, não sente prazer na dor e na humilhação, mas no provocar ao sádico um prazer, que consiste no infligir dor e humilhação. O masoquista – nisto consiste a sutileza de sua estratégia – faz gozar a lei (personificada pelo sádico) e só desse modo alcança o prazer. A lei é mantida e seu comando é seguido com zelo, mas ela não possui em si nada de respeitável, porque seu comando contém o prazer. Enquanto a operação do homem de Sade se volta, assim, imediatamente contra a lei como tal, a do masoquista é voltada contra o respeito, que mina sua base e a destrói. Vitória efêmera, todavia, porque, como mostram eficazmente as modernas massas masoquistas, que não respeitam o líder que aclamam, elas não podem certamente dizer-se mais livres por isso. A queda do chefe, que lhes descerra a possibilidade do vilipêndio, é também a sanção de sua servidão.

18. Na *Introdução à metafísica*, Heidegger afirma que o processo que conduz à separação entre ser (*Sein*) e dever-ser (*Sollen*) encontra em Kant seu cumprimento[305]. O dever-ser, que está em questão nessa separação, não é, porém, algo "que vem consignado e referido ao ser a partir não se sabe de onde", mas provém do ser mesmo[306]. É chegado o momento de tentar interrogar, na perspectiva da arqueologia do ofício que nos interessa, o sentido ontológico e as estratégias histórico-filosóficas implícitas nessa separação, que é também, e na mesma medida, uma articulação. O que em Kant atinge a realização na forma do dever-ser é a ontologia da operatividade, cujas linhas fundamentais buscamos reconstruir. Nesta, como vimos, ser e agir indeterminam-se e contraem-se um no outro e o ser torna-se algo que não é simplesmente, mas *dever ser* atuado. Não é possível, no entanto, entender a natureza e as características próprias da ontologia da operatividade, se não se compreende que esta é, desde o início e na mesma medida, uma ontologia do comando. A contração de ser e dever-ser tem a forma de um comando, é essencialmente e literalmente um "imperativo". O dever-ser não é, nesse

---

[305] Martin Heidegger, *Einführung in die Metaphysik*, cit., p. 151.
[306] Ibidem, p. 150.

As duas ontologias, ou como o dever entrou na ética • 123

sentido, um conceito jurídico ou religioso que se alcança de fora do ser: ele implica e define uma ontologia, que se afirma progressivamente e se põe historicamente como a ontologia da modernidade.

Considere-se a forma linguística do imperativo, que evocamos há pouco. Meillet observa que, nas línguas indo-europeias, ela coincide frequentemente com o tema do verbo e sugeria que ela poderia representar, portanto, a forma "essencial" do verbo[307]. O que define o imperativo do ponto de vista semântico é, porém, que ele não se refere denotativamente ao mundo, não descreve nem enuncia um estado de coisas: limita-se a comandar e exigir (em regra, a ação do outro). Nem mesmo a ação daquele que obedece ao comando pode ser considerada um conteúdo semântico do imperativo; como Kelsen fez notar,

> quando um homem, com um ato qualquer, manifesta sua vontade de que outro homem se comporte de certo modo [...] o sentido de seu ato não pode ser descrito dizendo que o outro se comportará daquele modo, mas somente dizendo que o outro deve [*soll*] comportar-se daquele modo.[308]

Tomás não exprimia nada diferente, dizendo que o comando não tem como objeto a ação do outro, mas sua livre vontade. O imperativo pressupõe como seu fundamento e, ao mesmo tempo, como seu objeto não um ser, mas um querer.

Se a ontologia na tradição da filosofia clássica tem caráter substancial, no sentido que o ser implica um denotativo entre as palavras e as coisas, o imperativo, como forma primitiva do verbo, pressupõe uma outra ontologia, que pretende referir-se não ao mundo "como é", mas como "deve ser". Nesse sentido, apesar da identidade entre as duas formas, "ele caminha" e "caminhe!", *esti* e *estō* são – ou pretendem ser – do ponto de vista ontológico essencialmente heterogêneos.

Significativo é, então, que o imperativo defina o modo verbal próprio do direito e da religião. Não apenas as leis das XII Tábuas (*sacer esto, parricidas esto, aeterna auctoritas esto* [seja santo, seja parricida, seja autoridade eterna]) e as fórmulas dos negócios jurídicos (*emptor esto, heres esto* [seja comprador, seja herdeiro]) estão no imperativo, mas também o juramento, talvez o mais

---

[307] Antoine Meillet, *Linguistique historique et linguistique générale* (Paris, Champion, 1975), p. 191.

[308] Hans Kelsen, *Reine Rechtslehre* (Wien, F. Deuticke, 1960), p. 13 [ed. bras.: *Teoria pura do direito*, São Paulo, WMF Martins Fontes, 2009].

antigo dos institutos jurídico-religiosos, implica um verbo no imperativo (*martys estō Zeus, istō Zeus* [Zeus seja testemunha, Zeus veja]). E é supérfluo recordar que, nas religiões monoteístas, Deus é um ser que fala no imperativo e ao qual se retorna, no culto e nas orações, no mesmo modo verbal.

Compreende-se, nessa perspectiva, porque as fórmulas jurídico-religiosas (das quais o juramento, o comando e a oração são um exemplo eminente) possuem caráter performativo: se o performativo, através de seu simples proferimento, realiza o próprio significado, é porque ele não se refere ao ser, mas ao dever-ser, pressupõe uma ontologia do *estō* e não do *esti*.

Há, portanto, na tradição ocidental, duas ontologias, distintas e coligadas: a primeira, a ontologia do comando, própria do âmbito jurídico-religioso, que se exprime no imperativo e tem caráter performativo; a segunda, própria da tradição filosófico-científica, que se exprime na forma do indicativo (ou, em forma substantivada, no infinitivo ou no particípio – *esti, einai, on*, "é", "ser", "ente"). A ontologia do *estō* e do "seja" remete a um dever-ser; aquela do *esti* e do "é" se refere ao ser. Claramente distintas e, por muitos aspectos, opostas, as duas ontologias convivem, confrontam-se e, de qualquer modo, não cessam de entrelaçar-se, hibridizar-se e prevalecer, de vez em vez, uma sobre a outra na história do Ocidente.

א No pensamento do século XX, uma verdadeira antropologia do comando foi desenvolvida por Arnold Gehlen. Segundo esse autor, que tende, em última análise, a fundar uma teoria da instituição, a função central do imperativo nas sociedades humanas derivaria da ausência no homem de uma conduta instintivamente preestabelecida. O homem não vive simplesmente, como os outros animais, cuja conduta é regulada pelo instinto, mas deve "conduzir sua vida [*sein Leben führen*]". A instituição, com suas leis e seus imperativos, situa-se precisamente nesta lacuna:

> O imperativo é então a forma na qual a entidade é pensada como válida e obrigatória e na qual se torna autônoma, transcendendo à simples representação que dela se tem. Ele [...] exonera a vontade da escolha: o comportamento já está preliminarmente decidido e é independente da situação afetiva, do estado de ânimo no qual se encontra de vez em vez e das circunstâncias [...]. Essa é a única forma – além daquela da habitude obtusa – graças à qual um comportamento pode ser vertido durável: o imperativo é, virtualmente, o ser-já-realizado da ação.[309]

É à luz da situação específica de carência instintiva do homem que Gehlen pretende fazer valer incondicionalmente sua justificação social do imperativo e do comando,

---

[309] Arnold Gehlen, *Urmensch und Spätkultur. Philosophische Ergebnisse und Aussagen* (Frankfurt, Athenaion, 1977), p. 170.

As duas ontologias, ou como o dever entrou na ética • 125

com uma radicalidade com respeito à qual uma maior consideração da própria
adesão juvenil incondicional ao nacional-socialismo deveria talvez aconselhar com
mais prudência:

> A modalidade obrigatória, o ser-já-decidido do comportamento, a inibição
> da *ratio* analítica, a componente da reciprocidade social: são todos momentos
> do imperativo, mas também da dinâmica dos resíduos instintivos humanos,
> quando se imaginam transpostos na consciência de uma entidade que age
> ao próprio arbítrio. Um rito elementar, por exemplo: "Isso é tabu! Vetado
> tocar!", seria, por assim dizer, análogo a uma autêntica inibição, instintiva
> e rigidamente dirigida a um sujeito específico, supondo que, naturalmente,
> uma inibição similar existisse no homem.[310]

Nessa perspectiva antropológica, Gehlen explica ainda o imperativo categórico
kantiano: "Já Kant havia reconhecido como o imperativo responde a uma precisão
social e, privando-o de todo conteúdo, havia feito do simples interesse pela validade
universal [...] o conteúdo do dever"[311].

19. Kant representa o momento que a ontologia do comando e do dever-
-ser atinge sua elaboração extrema e, penetrando na ontologia da substância
e do ser, procura transformá-la do interior. Se isso é evidente no que diz
respeito à ética, menos óbvio é que também a *Crítica da razão pura* possa ser
lida nessa perspectiva. A possibilidade da metafísica coincide aqui com o uso
da razão "pura", isto é, sem referência ao ente e à experiência. A substituição
do "nome glorioso de ontologia" por aquele de "filosofia transcendental"
significa, justamente, que uma ontologia do dever-ser já tomou o lugar da
ontologia do ser. O objeto transcendental e o númeno não designam, portanto, um ente, mas um x, "do qual não sabemos nada, nem em geral [...]
podemos saber nada". Eles são não seres, mas exigências, não substâncias,
mas imperativos, a que nada pode corresponder no plano da experiência.
Do mesmo modo, as ideias da razão são ideias "reguladoras", "comandos",
e não palavras denotativas. O dever-ser corresponde, assim, na ética kantiana, à função que o númeno e a coisa em si desempenham na metafísica:
assim como estes impõem ao pensamento a abertura de um espaço, que, no
entanto, deve permanecer vazio, o imperativo categórico comanda a razão
prática de modo determinante e, todavia, não diz nada (não surpreende,
nessa perspectiva, que Schopenhauer tenha podido identificar a dimensão

---

[310] Ibidem, p. 172.

[311] Ibidem, p. 171.

126 • Opus Dei

da vontade com a da coisa em si e intitular um dos suplementos a sua obra principal de *Considerações transcendentes sobre a vontade como coisa em si*).

No limiar da modernidade, quando a teologia e a metafísica parecem ceder definitivamente o campo para a racionalidade científica, o pensamento de Kant representa o ressurgimento secularizado da ontologia do *estō* no seio da ontologia do *esti*, o ressurgir catastrófico do direito e da religião no seio da filosofia. Diante do triunfo da consciência científica, Kant procurou assegurar a sobrevivência da metafísica, enxertando e deixando agir a ontologia do comando e do dever-ser naquela do ser e da substância. Crendo assegurar desse modo a possibilidade da metafísica e fundar, ao mesmo tempo, uma ética não jurídica nem religiosa, ele, por um lado, acolheu sem dar-se conta a hereditariedade da tradição teológico-litúrgica do *officium* e da operatividade e, por outro, demitiu permanentemente a ontologia clássica.

A "revolução copernicana" operada por Kant não consiste tanto no ter posto o sujeito no centro, em vez do objeto, mas antes – e as duas prestações são, na verdade, inseparáveis – no ter substituído por uma ontologia do comando a ontologia da substância; e não se compreende a história da filosofia pós-kantiana se não se sabe discernir nela o evento das interseções, dos conflitos e dos compromissos entre as duas ontologias, que atinge com a fenomenologia e com *Ser e tempo* seu provisório acerto de contas, em que o *estō* e o *esti*, o "seja!" e o "é", parecem indeterminar-se por um instante.

‎א Durante o processo de Jerusalém, Eichmann declarou a certa altura "ter vivido toda a sua vida segundo os preceitos da moral kantiana, em particular de acordo com a ideia kantiana de dever". Instado a precisar o que pretendia dizer, ele acrescenta, mostrando assim ter efetivamente lido a *Crítica da razão prática*: "Quando falei de Kant, pretendia dizer que o princípio da minha vontade deve ser sempre tal a poder se tornar o princípio de leis universais"[312].

Curiosamente, Arendt, que, entretanto, ironiza essa "versão de Kant para o uso caseiro do homem ordinário", parece pensar que a tese de Eichmann é tomada de algum modo seriamente.

> Boa parte da assustadora precisão com que foi implementada a solução final [...] se pode justamente reconduzir à estranha ideia, de fato muito difundida na Alemanha, de que ser leal à lei não significa simplesmente obedecer, mas também agir como se fosse o legislador que escreveu a lei a que se obedece.

---

[312] Hannah Arendt, *Eichmann in Jerusalem. A report on the Banality of Evil* (1963) (Harmondsworth, Penguin Books, 1994), p. 143 [ed. bras.: *Eichmann em Jerusalém: um relato sobre a banalidade do mal*, São Paulo, Companhia das Letras, 1999].

As duas ontologias, ou como o dever entrou na ética • 127

Seja qual for o papel que Kant tenha tido na formação da mentalidade da "pobre gente" na Alemanha, não há a mínima dúvida de que em uma coisa Eichmann segue realmente os preceitos kantianos: uma lei é uma lei e não pode haver exceções a ela.[313]

A cegueira de Kant é não ter visto que, na sociedade que estava nascendo com a Revolução Industrial, na qual os homens seriam sujeitados a forças que não poderiam de modo nenhum controlar, a moral do dever os havia habituado a considerar a obediência a um comando (pouco importa se externo ou interno, porque nada é mais fácil que interiorizar um comando externo) como um ato de liberdade.

20. Que a ontologia kantiana seja, na verdade, uma ontologia do comando alcança em Kelsen sua máxima evidência. Ele parte de uma absolutização sem reservas de *Sein* e *Sollen*, ser e dever-ser, assumida incondicionalmente como um postulado dualista:

> Minhas investigações partem do pressuposto de separar duas oposições fundamentais: ser e dever-ser, o conteúdo e a forma. Tenho consciência de que uma concepção monista não pode nem deve reconhecer como definitivo o dualismo entre ser e dever-ser, conteúdo e forma. Se, contudo, ponho aqui em exame princípios opostos e penso dever renunciar a coligar ser e dever-ser, forma e conteúdo, num plano superior que compreenda esses dois conceitos que se excluem mutuamente, como justificação desse meu ponto de vista não encontro, no fundo, outra resposta sincera senão esta: eu não sou um monista.[314]

A diferença entre ser e dever-ser não pode ser ulteriormente explicada: é um dado imediato da nossa consciência.

> Ninguém pode negar que dizer "uma coisa existe" (afirmação com que se descreve um objeto real) é essencialmente diverso de dizer "qualquer coisa deve ser" (afirmação com que se descreve uma norma); e ninguém pode negar que do fato de que algo existe não possa derivar que algo deva ser, assim como do fato de que algo deve ser não pode derivar que algo é.[315]

A teoria pura do direito pressupõe, assim, duas ontologias, irredutíveis uma a outra e, como Kant, escolhe como âmbito próprio a do comando e do dever-ser. Ela é "pura", porque pretende manter-se constantemente na esfera do *Sollen*, sem jamais transpassar para aquela do *Sein*. O dever jurídico

---

[313] Ibidem, p. 144.

[314] Hans Kelsen, *Hauptprobleme der Staatsrechtslehre entwickelt aus der Lehre vom Rechtssatze* (Tübingen, Mohr, 1911), p. v-vi.

[315] Idem, *Reine Rechtslehre*, cit., p. 14.

não coincide, de fato, com um ser ou com um estado de coisas, isto é, com um comportamento devido, mas exprime somente o fato de que um certo comportamento é estabelecido por uma norma, e que essa norma remete a outra norma (a sanção coercitiva) e esta ainda a outra:

> O dever jurídico [...] não é (ou melhor, não é diretamente) o comportamento devido. Devido é somente o ato coercitivo que funciona pela sanção. Se se diz que quem é juridicamente obrigado a um certo comportamento *deve* [*soll*], com base no direito, comportar-se de tal maneira, não se faz senão exprimir o fato de ser devido [...] do ato coercitivo, posto como consequência do comportamento oposto e a serviço da coação.[316]

A relação entre norma e comportamento não é, assim, uma relação de ser, mas uma relação de dever. As normas, consideradas em si mesmas, não são fatos concretos, mas "significados [*Sinngehalte*] e, precisamente, o sentido dos atos nos quais se estabelecem normas. Esse sentido é um *Sollen*. Tanto a ética quanto a jurisprudência são ciências normativas, tendo por objeto normas que contêm um *Sollen* [*Soll-Normen*], entendidas como significados"[317].

E, assim como o sentido da norma não se identifica com o comportamento factual prescrito, o comando, que está em questão nela, não coincide com o ato de vontade do qual constitui o sentido, que tem ainda a forma de um ser; a norma não quer que um homem se comporte de certo modo, mas só que ele *deva* [*soll*] comportar-se de certo modo.

O programa kelseniano de construir uma teoria do direito sem qualquer referência ao ser não pode ser completamente realizado. As duas ontologias (o ser e o dever-ser), embora claramente distintas, não podem ser totalmente separadas e referem-se e pressupõem-se uma a outra. Isso aparece com clareza na teoria da sanção e da pena. Dizer que a norma que estabelece a sanção afirma que o carrasco *deve* aplicar a pena, e não que a aplica de fato, retira todo o valor da própria ideia de uma sanção. O problema da violência – como o do prazer – não se deixa expurgar facilmente do direito e da ética e constitui um ponto de tangência entre as duas ontologias. Como em Kant, ser e dever-ser são articulados conjuntamente na teoria pura do direito no modo de uma fuga, na qual a separação remete a uma tangência e esta novamente a uma separação.

---

[316] Ibidem, p. 141.

[317] Ibidem, p. 73, nota 1.

Limiar

Chegou talvez o momento de tentar ler a ontologia da operatividade e do comando, que procuramos aqui definir através de uma arqueologia do ofício, em paralelo com a "metafísica da vontade" que Ernst Benz reconstruiu em um livro cuja importância para a história da filosofia ocidental está ainda longe de ser plenamente apreciada[318]. As pesquisas de Benz mostram que o conceito de vontade, que na filosofia grega da idade clássica não tem um significado ontológico, foi elaborado (provavelmente desenvolvendo motivos tratados pelos textos herméticos) pelo neoplatonismo e, depois, pela teologia cristã a partir do século VI, para explicar o processo de hipostasiação do Uno e a articulação trinitária do Ser supremo.

Se no início desse processo está o produzir-se no Uno de uma inclinação em direção a si (*neusis pros heauton*), esta é definida, no tratado da sexta Enéada que traz o significativo título *Liberdade e vontade do Uno*, como "vontade" (*thelēsis, boulēsis*) e "amor" (agapē, erōs): "tudo então era vontade e não havia no Uno um não querido ou um antes da vontade: ele era antes de tudo vontade [*prōton ara hē boulēsis auto*]"[319]. A vontade, que é originalmente vontade de si, nomeia assim o movimento intradivino, através do qual o Uno, voltando-se em direção a si, constitui-se como intelecto (*nous*) e dá-se realidade e existência nas três hipóstases primárias. Nessa perspectiva, vontade e potência se identificam: "a potência (do Uno) é absolutamente soberana sobre si [*hautēs kyrian*] e é o que quer [*touto ousan ho thelei*]"[320]. E não somente a potência é, em sua essência, vontade, mas também o bem não é senão vontade de si ("a natureza do bem é a vontade de si [*thelēsis hautou*]")[321]. Com um gesto em que se pode distinguir o nascimento da moderna metafísica da vontade, Plotino identifica assim, por último, a vontade com o próprio ser: "vontade [*boulēsis*] e substância [*ousia*] devem ser compreendidas como uma só coisa, e o querer [*to thelein*] em si mesmo coincide necessariamente com o ser em si mesmo"[322].

---

[318] Ernst Benz, *Marius Victorinus und die Entwicklung der Abendländischen Willensmetaphysik* (Stuttgart, Kohlhammer, 1932), *passim*.

[319] Ibidem, p. 302.

[320] Plotino, *En.*, 6, 8, 9; ver Ernst Benz, *Marius Victorinus*, cit., p. 298.

[321] Idem, *En.*, 6, 8, 13; ver Ernst Benz, *Marius Victorinus*, cit., p. 299.

[322] Idem, *En.*, 6, 8, 13; ver Ernst Benz, *Marius Victorinus*, cit., p. 301.

130 • Opus Dei

Por essa identificação de ser e vontade, o progressivo distender-se da unidade divina nas hipóstases está já concebido "de modo homoúsico"[323], como será na teologia cristã. A vontade é, ao mesmo tempo, a origem do movimento das hipóstases, e o princípio que consente reconduzi-las à unidade. E é precisamente essa "voluntarização" (*Voluntarisierung*)[324] da metafísica grega que, transformando pelo interior tanto a imagem do mundo do *Timeu* quanto o motor imóvel aristotélico, tornará possível a elaboração do paradigma criacionista cristão.

Com uma análise rigorosa, Benz pode mostrar nesse ponto como seria propriamente a assimilação do modelo plotiniano – através de Mário Vitorino, a gnose, Ireneu, Orígenes e Atanásio – que permite aquela articulação da teologia trinitária e, ao mesmo tempo, da antropologia cristã, que encontrará sua formulação completa na tríade agostiniana de memória, intelecto e vontade[325].

Unicamente preocupado com a argumentação de sua arqueologia da vontade, Benz, que, no entanto, é perfeitamente consciente de que a doutrina das hipóstases implica uma "concepção dinâmica" do ser divino[326], não parece interessar-se pela definição dos caracteres da nova ontologia operativa que aqui está em questão. O que nossa arqueologia pretendeu demonstrar é, ao contrário, que só uma definição pontual desses caracteres permite explicar o surgimento e a centralidade do conceito de vontade. Não se trata somente do fato de que aqui o ser venha "mobilizado" e posto em movimento (o que estava já realizado na ontologia aristotélica): o que é decisivo é que o movimento do ser não se produza aqui por si e por natureza, mas implique uma *energeia* e uma incessante "posição-em-obra", isto é, seja pensado como um *ergon* que remete à efetuação por parte de um sujeito, que será identificado, em primeira e última instância, com a vontade. Isso é perfeitamente evidente em Plotino, que pôde escrever: "Se então atribuímos [ao Uno] operações [*energeias*], estas operações se produzem de qualquer modo por sua vontade [*hoion boulései autou*], porque não pode pôr-em-obra sem querê-lo [*ou gar aboulōn energei*]: essas

---

[323] Ernst Benz, *Marius Victorinus*, cit., p. 414.

[324] Idem.

[325] Ibidem, p. 365-413.

[326] Ibidem, p. 414.

As duas ontologias, ou como o dever entrou na ética • 131

operações são portanto de qualquer modo a sua substância [*ousia*] e a sua vontade e a sua substância serão a mesma coisa"[327].

E é por isso que, segundo a teologia cristã, tanto o processo da auto--hipostasiação trinitária quanto a criação do mundo são produzidos não *a necessitate naturae* [por necessidade da natureza], mas *a voluntate divinae maiestatis* [pela vontade da divina majestade][328]: a economia trinitária e a criação são pensadas segundo o modelo do posto-em-obra e da *energeia*, e não como um processo natural impessoal. Daí, também, a necessidade de identificar a potência de Deus com sua vontade: "*haec semper voluntas a Deo et in Deo est potentia*" ["esta vontade a partir de Deus e em Deus sempre é potência"][329].

Quando a metafísica da vontade encontrar sua extrema expressão no pensamento moderno, em Schelling ("Não se dá em última e suprema instância outro ser senão o querer [*Wollen*]: o querer é o ser originário [*Ursein*]. Toda a filosofia tende a encontrar essa suprema formulação"), não se deve esquecer que o conceito de vontade foi introduzido na ontologia entre os séculos III e IV, porque a concepção do ser vinha progressivamente se transformando em sentido operativo. Como o dever foi introduzido na ética para dar um fundamento ao comando, assim a ideia de uma vontade foi elaborada para explicar a passagem da potência para a efetualidade. Se o ser é algo que deve ser atuado, se isso implica necessariamente uma posição-em-obra, caberá supor uma vontade que a torne possível. Essa exigência é já embrionariamente presente em Aristóteles, para quem o conceito de vontade aparece pela primeira vez em um contexto ontológico precisamente para explicar a passagem da potência ao ato: aquele que tem a *hexis* de uma potência pode passar ao ato "quando o quer [*hoti boulētheis*]"[330]; no mesmo sentido, porque a potência humana, enquanto potência racional, pode produzir uma coisa e seu contrário, "ocorrerá que o elemento soberano [*kyrion*] seja outra coisa qualquer, que chamamos vontade ou escolha [*orexin ē proairesin*]"[331].

Ontologia do comando e ontologia da operatividade são, portanto, estreitamente ligadas: assim como a posição-em-obra, também o comando

---

[327] Plotino, *En.*, 6, 8, 13.

[328] Vitorino, em Ernst Benz, *Marius Victorinus*, cit., p. 78.

[329] Idem.

[330] Aristóteles, *De an.*, 417a 26-27.

[331] Idem, *Met.*, 1048a 11.

pressupõe uma vontade. Segundo a fórmula que exprime o comando do príncipe (*sic volo, sic iubeo* [assim quero, assim ordeno/ordeno o que quero]), "querer" pode somente significar "comandar" e "comandar" implica necessariamente um querer. A vontade é a forma que o ser toma na ontologia do comando e da operatividade. Se o ser não é, mas deve realizar a si mesmo, então ele, em sua própria essência, é vontade e comando; vice-versa, se o ser é vontade, então ele não é simplesmente, mas deve ser. O problema da filosofia que vem é aquele de pensar uma ontologia para além da operatividade e do comando e uma ética e uma política inteiramente liberadas dos conceitos de dever e vontade.

BIBLIOGRAFIA

AGAMBEN, Giorgio. *Il regno e la gloria. Per una genealogia teologica dell'economia e del governo. "Homo sacer", II, 2.* Turim, Bollati Boringhieri, 2009. [Ed. bras.: *O reino e a glória*: uma genealogia teológica da economia e do governo. Trad. Selvino J. Assmann, São Paulo, Boitempo, 2011.]

AGOSTINHO. De diversis quaestionibus liber unus. In: MIGNE, Jacques-Paul (org.). *Patrologiae cursus completus. Series latina.* Parisiis, excudebat Migne, 1844-1864. v. XL.

_____. In Evangelium Johannis Tractatus. In: MIGNE, Jacques-Paul (org.). *Patrologiae cursus completus. Series latina.* Parisiis, excudebat Migne, 1844-1864. v. XXXV.

_____. De gratia Christi et de peccato originali contra Pelagium et Celestinum. In: MIGNE, Jacques-Paul (org.). *Patrologiae cursus completus. Series latina.* Parisiis, excudebat Migne, 1844-1864. v. XLIV.

AMBRÓSIO. *De Sacramentis. Des Mystères.* Org. Bernard Botte, Paris, Cerf, 1994. [Ed. bras.: *Explicações dos símbolos. Sobre os sacramentos. Sobre os mistérios. Sobre a penitência.* 2. ed., São Paulo, Paulus, 2005, Patrística 5.]

_____. *De officiis.* Org. Maurice Testard, CCSL, Turnhout, Brepols, 2000.

_____. De fide ad Gratianum Augustum libri quinque. In: MIGNE, Jacques-Paul (org.). *Patrologiae cursus completus. Series latina.* Parisiis, excudebat Migne, 1844-1864. v. XVI.

_____. Exameron Libri Sex. In: MIGNE, Jacques-Paul (org.). *Patrologiae cursus completus. Series latina.* Parisiis, excudebat Migne, 1844-1864. v. XIV.

_____. De Cain et Abel Libri Duo. In: MIGNE, Jacques-Paul (org.). *Patrologiae cursus completus. Series latina.* Parisiis, excudebat Migne, 1844-1864. v. XIV.

_____. Epistolae. In: MIGNE, Jacques-Paul (org.). *Patrologiae cursus completus. Series latina.* Parisiis, excudebat Migne, 1844-1864. v. XVI.

ARENDT, Hannah. *Eichmann in Jerusalem. A Report on the Banality of Evil* (1963). Harmondsworth, Penguin Books, 1994. [Ed. bras.: *Eichmann em Jerusalém*: um relato sobre a banalidade do mal. Trad. José Rubens Siqueira, São Paulo, Companhia das Letras, 1999.]

ARISTEA. *Lettera di Aristea a Filocrate.* Org. Francesca Calabi, Milão, Biblioteca Universale Rizzoli, 1995.

ARNIM, Johannes von. *Stoicorum veterum fragmenta.* Lipsiae, Teubneri, 1903-1938. 4 v.

134 • Opus Dei

BAUMSTARK, Anton. *Liturgia romana e liturgia dell'Esarcato. Il rito detto in seguito patriarchino e le origini del Canon missae romano.* Roma, Pustet, 1904.

BENZ, Ernst. *Marius Victorinus und die Entwicklung der Abendländischen Willensmetaphysik.* Stuttgart, Kohlhammer, 1932.

BOÉCIO. *The Theological Tractates.* Orgs. Hugh Fraser Stewart e Edward Kennard Rand, Londres, Heinemann, 1973.

BRAGA, Carlo; BUGNINI, Annibale (orgs.). *Documenta ad instaurationem liturgicam spectantia. 1903-1963,* CLV. Roma, Edizioni Liturgiche, 2000.

CABASILAS, Nicolas. *Explication de la divine liturgie.* Orgs. Sévérien Salaville et al., Paris, Cerf, 1967.

CALCÍDIO. *Platonis Timaeus interprete Chalcidio cum eiusdem commentatio.* Org. Johannes Wrobel, Lipsiae, in aedibus Teubneri, 1876.

CASEL, Odo. *Das christliche Kultmysterium.* Regensburg, Puset, 1932, 1960.

_____. *De philosophorum Graecorum silentio mystico.* Giessen, Töpelmann, 1919.

_____. Das Mysteriengedächtnis im Lichte der Tradition. *Jahrbuch für Liturgiewissenschaft.* Münster, Aschendorff, n. 6, 1926.

_____. Mysteriengegenwart. *Jahrbuch für Liturgiewissenschaft.* Münster, Aschendorff, n. 8, 1928.

_____. "Actio" in liturgischer Verwendung. *Jahrbuch für Liturgiewissenschaft.* Münster, Aschendorff, n. 1, 1921.

_____. Beiträge zu römischen Orationen. *Jahrbuch für Liturgiewissenschaft.* Münster, Aschendorff, n. 11, 1931.

CASSIANO. *Institutions cénobitiques.* Org. Jean-Claude Guy, Paris, Cerf, 2001.

CÍCERO. *Les devoirs.* Org. Maurice Testard, Paris, Les Belles Lettres, 2002.

CIPRIANO. *Epistolae.* In: MIGNE, Jacques-Paul (org.). *Patrologiae cursus completus. Series latina.* Parisiis, excudebat Migne, 1844-1864. v. IV.

CLEMENTE. *Epistula ad Corinthios quae vocatur prima graece et latine.* Org. Thomas Schaefer, Leipzig, Harrassowitz, 1942.

CRUSIUS, Christian August. *Die philosophischen Hauptwerke*: Anweisung vernünftig zu leben. Org. Giorgio Tonelli, Hildesheim, Olms, 1969. v. 1.

DANIELS, Augustinus. Devotio. *Jahrbuch für Liturgiewissenschaft.* Münster, Aschendorff, n. 1, 1921.

DIEZINGER, Walter. *Effectus in der römischen Liturgie. Eine kultsprachliche Untersuchung.* Bonn, Hanstein, 1961.

DOMAT, Jean. *Le droit public. Suite des loix civiles.* Paris, Coignard, 1697. 2 v.

DONATO, Élio. Ad P. Terentii Andriam. In: _____. *Commentum Terentii.* Org. Paul Wessner, Lipsiae, in aedibus Teubneri, 1902-05. 3 v.

DÖRRIE, Heinrich. Hypostasis. Wort- und Bedeutungsgeschichte. *Nachrichten der Akademie der Wissenschaften in Göttingen. Philologisch-Historische Klasse.* Göttingen, Vandenhoeck & Ruprecht, n. 3, 1955, e in: _____. *Platonica minora.* Munique, Fink, 1976.

DRECOLL, Carsten. *Die Liturgien im römischen Kaiserreich des 3. und 4. Jh. n. Chr. Untersuchung über Zuzang, Inhalt und wirtschaftliche Bedeutung der öffentlichen Zwangsdienste in Ägypten und anderen Provinzen.* Stuttgart, Steiner, 1997.

Bibliografia • 135

DUNIN-BORKOWSKI, Stanislaus von. Die Kirche als Stiftung Jesu. *Religion, Christentum, Kirche.* Munique, Kösel, II, 1913.

DURANDO, Guilherme. *Rationale divinorum officiorum.* Orgs. Anselme Davril e Timothy Thibodeau. Turnholti, Brepols, 1995-2000. 3 v.

DÜRIG, Walter. Der Begriff "pignus" in der Liturgie. *Tübinger theologische Quartalschrift.* Tübingen, Schwabenverlag, n. 129, 1949.

EPIFÂNIO. *Panarion haer. 34-64.* Orgs. Karl Holl e Jürgen Dummer, Berlim, Akademie--Verlag, 1980.

FESTO. *De verborum significatu quae supersunt cum Pauli epítome.* Org. Wallace M. Lindsay, in aedibus Teubneri, Stutgardiae-Lipsiae, 1997.

FÍLON DE ALEXANDRIA. *Quis rerum divinarum heres sit.* Org. Marguerite Harl, Paris, Cerf, 1966.

FOUCAULT, Michel. *Le gouvernement de soi et des autres.* Org. Frédéric Gros, Paris, Gallimard, 2008. [Ed. bras.: *O governo de si e dos outros.* Trad. Eduardo Brandão, São Paulo, WMF Martins Fontes, 2010.]

_____. *Dits et écrits: 1970-1975.* Paris, Gallimard, 1994. t. 2.

GASPARRI, Pietro. s. v. Competenza in materia amministrativa. *Enciclopedia del diritto,* Milão, Giuffrè, 1961. v. 8.

GEHLEN, Arnold. *Urmensch und Spätkultur. Philosophische Ergebnisse und Aussagen.* Frankfurt, Athenaion, 1977.

GOLDSCHMIDT, Victor. *Le système stoicien et l'idée de temps.* Paris, Vrin, 1969.

GRUNDMANN, Herbert. *Religiöse Bewegungen im Mittelalter. Untersuchungen über die geschichtlichen Zusammenhänge zwischen der Ketzerei, den Bettelorden und der religiösen Frauenbewegung im 12. und 13. Jahrhundert und über die geschichtlichen Grundlagen der deutschen Mystik.* Berlim, Ebering, 1935.

HEIDEGGER, Martin. *Nietzsche.* Pfüllingen, Neske, 1961, 2 v. [Ed. bras.: *Nietzsche:* metafísica e niilismo. Trad. Marco Antonio Casanova, Rio de Janeiro, Relume Dumará, 2000.]

_____. *Holzwege.* Frankfurt, Klostermann, 1950.

_____. *Einführung in die Metaphysik.* Tübingen, Niemeyer, 1953. [Ed. bras.: *Introdução à metafísica.* Trad. Emmanuel Carneiro Leão, Rio de Janeiro, Tempo Brasileiro, 1999.]

HELLEGOUARC'H, Joseph. *Le vocabulaire latin des relations et des partis politiques sous la République.* Paris, Les Belles Lettres, 1963.

INOCÊNCIO III, De sacri altaris mysterio. In: MIGNE, Jacques-Paul (org.). *Patrologiae cursus completus. Series latina.* Parisiis, excudebat Migne, 1844-1864. v. CCXVII.

IRENEU DE LIÃO. *Contre les hérésies.* Orgs. Adeline Rousseau et al., Paris, Cerf, 1965-2002. 5 v. [Ed. bras.: *Contra as heresias.* São Paulo, Paulus, 1997, Patrística 4.]

JEGGLE-MERZ, Birgit. *Erneuerung der Kirche aus dem Geist der Liturgie. Der Pastoralliturgiker Athanasius Wintersig – Ludwig A.* Winterswyl. Münster, Aschendorff, 1998.

KANT, Immanuel. *Die Metaphysik der Sitten* (1797). In: _____. *Werke in sechs Bänden: Schriften zur Ethik und Religionsphilosophie.* Org. Wilhelm Weischedel, Darmstadt, Wissenschaftliche Buchhandlung, 1975. v. 4. [Ed. bras.: *A metafísica dos costumes.* Trad. Edson Bini, Bauru, Edipro, 2008.]

_____. Grundlegung zur Metaphysik der Sitten (1785). In: _____. *Werke in sechs Bänden*: Schriften zur Ethik und Religionsphilosophie. Org. Wilhelm Weischedel, Darmstadt,

Wissenschaftliche Buchhandlung, 1975. v. 4. [Ed. bras.: *Fundamentação da metafísica dos costumes*. Trad. Guido Antônio de Almeida, São Paulo, Discurso Editorial/Barcarolla, 2009.]

_____. *Kritik der praktischen Vernunft* (1788). In: _____. *Werke in sechs Bänden*: Schriften zur Ethik und Religionsphilosophie. Org. Wilhelm Weischedel, Darmstadt, Wissenschaftliche Buchhandlung, 1975. v. 4. [Ed. bras.: *Crítica da razão prática*. Trad. Valério Rohden, São Paulo, Martins Fontes, 2003.]

KELSEN, Hans. *Reine Rechtslehre*. Wien, F. Deuticke, 1960. [Ed. bras.: *Teoria pura do direito*. Trad. João Baptista Machado, São Paulo, WMF Martins Fontes, 2009.]

_____. *Hauptprobleme der Staatsrechtslehre entwickelt aus der Lehre vom Rechtssatze*. Tübingen, Mohr, 1911.

KILMARTIN, Edward J. *Christian Liturgy. Theology and Practice*. Kansas City, Sheed & Ward, 1988.

LACAN, Jacques. Kant avec Sade. *Critique*, n. 191, 1963; e in: _____. *Écrits*. Paris, Seuil, 1966. [Ed. bras.: *Escritos*. Trad. Inês Oseki-Depré, São Paulo, Perspectiva, 2008.]

LIBERA, Alain de. *L'art des généralités. Théories de l'abstraction*. Paris, Aubier, 1999.

MAGDELAIN, André. *Jus imperium auctoritas. Études de droit romain*. Roma, École Française de Rome, 1990.

MEILLET, Antoine. *Linguistique historique et linguistique générale*. Paris, Champion, 1975.

METZGER, Marcel (org.). *Les Constitutions apostoliques*. Paris, Cerf, 1986. 3 v.

NIETZSCHE, Friedrich. *Opere*: Frammenti postumi, 1885-1887. Orgs. Giorgio Colli e Mazzino Montinari, Milão, Adelphi, 1975. v. 8, t. 1.

PEDRO DE POITIERS. *Setentiae Petri Pictaviensis*. Orgs. Philip S. Moore e Marthe Dulong, Notre Dame, University of Notre Dame Press, 1943-1950. 2 v.

PÉPIN, Jean. *Théologie cosmique et théologie chrétienne*. Paris, PUF, 1964.

PETERSON, Erik. *Das Buch von den Engeln. Stellung und Bedeutung der heiligen Engel im Kultus*. Würzburg, Echter, 1994.

PICAVET, François. Hypostases plotiniennes et Trinité chrétienne. *Annuaire de l'École Pratique des Hautes Études. Section des Sciences Religieuses*, 1917-1918.

PLATTER, Charles L. "Officium" in Catullus and Propertius. A Foucauldian Reading. *Classical Philology*, Chicago, University of Chicago Press, n. 90, n. 3, 1995.

PLOTINO. *Ennéades*. Org. Émile Bréhier, Paris, Les Belles Lettres, 1983-1990. 6 v. [Ed. bras.: *Tratados das Enéadas*. Trad. Américo Sommerman, São Paulo, Polar, 2002.]

POHLENZ, Max. *Antikes Führertum. Cicero "De officiis" und das Lebensideal des Panaitios*. Leipzig, Teubner, 1934.

PSEUDO-CLEMENTE. *I ritrovamenti. "Recognitiones"*. Org. Silvano Cola, Roma, Città Nuova, 1993.

PUFENDORF, Samuel. *Gesammelte Werke*: Briefwechsel. Org. Detlef Döring, Berlim, Akademie-Verlag, 1996. v. 1.

_____. *Gesammelte Werke*: De officio. Org. Gerhard Hartung, Berlim, Akademie-Verlag, 1997. v. 2.

RAHNER, Hugo. Das christliche Mysterium und die heidnischen Mysterien. *Eranos Jahrbuch*. Zurique, Rhein-Verlag, n. 11, 1944; e in: CAMPBELL, Joseph (org.). *Pagan and Christian Mysteries. Papers from the Eranos Year-books*. Nova York, Harper & Row, 1963.

SCHOPENHAUER, Arthur. *Über die Grundlage der Moral.* In: _____. *Werke in zehn Bänden:* Die beide Grundprobleme der Ethik. Org. Angelika Hübscher, Zurique, Diogenes-Verlag, 1977. v. 6. [Ed. bras.: *Sobre o fundamento da moral.* Trad. Maria Lúcia Cacciola, São Paulo, Martins Fontes, 2001.]

SOHM, Rudolf. *Kirchenrecht:* Die geschichtlichen Grundlagen. Munique, Duncker & Humblot, 1923. v. 1.

STEIDLE, Wolf. Beobachtungen zu des Ambrosius' Schrift "De officiis". *Vigiliae christianae.* Leiden, Brill, n. 38, 1984.

STRATHMANN, Hermann. s. v. leitourgeó, leitourgia. In: KITTEL, Gerhard; FRIEDRICH, Gerhard (orgs.). *Theologisches Wörterbuch zum neuen Testament.* Stuttgart, Kohlhammer, 1933-1979. 10 v.

STRAUSS, Leo. Einige Bemerkungen über die politische Wissenschaft des Hobbes. In: _____. *Gesammelte Schriften:* Hobbes' politische Wissenschaft und zugehörigen Schriften – Briefei. Orgs. Heinrich Meier e Wiebke Meier, Stuttgart, Metzler, 2001, v. 3.

STROUMSA, Guy Gedaliahu. *La fin du sacrifice. Les mutations religieuses de l'Antiquité tardive.* Paris, Odile Jacob, 2005.

SUÁREZ, Francisco. *Opera omnia.* Org. Charles Berton, Parisiis, Vivès, 1859. v. 13.

TERTULIANO. De baptismo. In: MIGNE, Jacques-Paul (org.). *Patrologiae cursus completus. Series latina.* Parisiis, excudebat Migne, 1844-1864. v. II.

_____. *Adversus Judaeos.* In: MIGNE, Jacques-Paul (org.). *Patrologiae cursus completus. Series latina.* Parisiis, excudebat Migne, 1844-1864. v. II.

TOMÁS DE AQUINO. *Scriptum super Sententiis magistri Petri Lombardi.* Org. Marie-Fabien Moos, Parisiis, Lethielleux, 1947. v. 4.

VARRÃO. *On the Latin Language.* Org. Roland G. Kent, Londres/Cambridge (Mass.), Heinemann/Harvard University Press, 1967. 2 v.

VITALE, Antonio. *L'ufficio ecclesiastico.* Nápoles, Jovene, 1965.

VITORINO. *Contra Arium.* In: _____ *Traités théologiques sur la Trinité.* Orgs. Paul Henry e Pierre Hadot, Paris, Cerf, 1960. 2 v.

VOGÜÉ, Adalbert de (org.). *La règle du maître.* Paris, Cerf, 1964. 2 v.

WERNER, Eric. *The Sacred Bridge. The Interdependence of Liturgy and Music in Synagogue and Church During the First Millenium.* Londres, Dobson, 1959.

ÍNDICE ONOMÁSTICO

Agamben, Giorgio 27

Agostinho, Aurélio 25, 27, 31, 56, 59, 66, 93, 107, 109

Aimon de Auxerre 65

Alexandre de Afrodísias 100

Al-Kindi 11

Amalário de Metz 7, 75

Ambrósio 25, 47, 53-4, 57-60, 73-4, 84-8, 98, 103-4, 106, 116

Apuleio, Lúcio 113

Arendt, Hannah 126

Aristeu 16

Aristóteles 14, 53-4, 57, 59, 65-6, 89-90, 97-103, 106, 112-3, 131

Arnim, Johannes von 76

Atanásio 65, 130

Atério, Quinto 80

Ático, Tito Pompônio 77

Atílio Régulo, Marco 86

Averróis (Ibn Rushd) 104

Basílio, o Grande 53

Baumstark, Anton 45

Beleth, João 75

Benz, Ernst 129-31

Berengário de Tours 57

Blaise, Albert 59

Boécio, Anício Mânlio Torquato Severino 64

Bousset, Wilhelm 43

Braga, Carlo 27, 29, 35-7, 40

Brinkmann, August 42

Bugnini, Annibale 27, 29, 35-7, 40

Cabasilas, Nicolas 29

Calcídio 52-3, 55

Cândido 30, 60

Casel, Odo 39-50, 63, 108

Cassiano, João 108

Catão, Marco Pórcio, dito o Censor 86

Cícero, Marco Túlio 51-2, 54, 75-8, 80-7, 98, 103, 107

Cipião Emiliano Africano, Públio Cornélio 83, 86

Cipriano, Táscio Cecílio 18, 31, 74

Cirilo de Jerusalém 48

Clemente Alexandrino 42-3

Clemente Romano 21-2, 27, 29, 34, 74

Constantino I, o Grande 15

Crusius, Christian August 116-7

Daniels, Augustinus 108

Deleuze, Gilles 121

Demóstenes 13

Dieterich, Albrecht 43

140 • Opus Dei

Diezinger, Walter 50-1, 87-8, 97
Diógenes Laércio 75
Domat, Jean 115-6
Donato, Élio 78, 85, 87
Dörrie, Heinrich 65-6
Drecoll, Carsten 15
Du Cange, Charles du Fresne 30
Dunin-Borkowski, Stanislaus von 18
Durando, Guilherme 7, 26, 62-3, 75, 85, 89
Dürig, Walter 46

Eichmann, Karl Adolf 126-7
Epifânio 25
Escrivá de Balaguer, Josemaría 30
Espinosa, Bento de, 113-4
Estêvão I 31
Estobeu, João 76

Festo, Sexto Pompeu 81
Fílon de Alexandria 16, 59
Filipe da Macedônia 86
Flávio Josefo 16
Foucault, Michel 71, 97
Freud, Sigmund 41

Gallo, Aélio 81
Gasparri, Pietro 92
Gehlen, Arnold 124-5
Gélio, Aulo 81
Gilberto Porretano 33
Goldschmidt, Victor 75
Graco, Tibério Semprônio 86
Grundmann, Herbert 32

Hecato de Rodes 80
Heidegger, Martin 11, 66-70, 100, 122
Hellegouarc'h, Joseph 78-9
Herwegen, Idelfons 39
Hipólito 27

Hobbes, Thomas 115
Honório de Autun 45
Hugo de São Vítor 57

Inocêncio III 32, 34
Ireneu de Lião 23-4, 130
Isidoro de Sevilha 59, 75, 85, 89, 107, 109
Isócrates 13

Jeggle-Merz, Birgit 39
Jerônimo 55, 57, 74
João 28
João Crisóstomo 48, 65

Kant, Immanuel 95-6, 110-1, 116-7, 119-22, 125-8
Kelsen, Hans 8, 81, 123, 127
Kilmartin, Edward J. 40, 63
Klages, Ludwig 50

Lacan, Jacques 121,
Lactâncio, Lúcio Célio Firmiano 108-9
Leibniz, Gottfried Wilhelm von 113
Leão Magno 49-50, 108
Libera, Alain de 64
Lísia 13
Lucas 17

Magdelain, André 90
Mário Vitorino 30, 59-60, 65-6, 130-1
Meier, Georg Friedrich 116
Meillet, Antoine 123
Melville, Herman 102
Metzger, Marcel 23, 25

Nietzsche, Friedrich Wilhelm 95

Orígenes 18, 25, 28, 130
Ovídio Nasão, Públio 79

Índice onomástico • 141

Panécio de Rodes 77, 83-4
Panormitano (Niccolò de' Tedeschi) 92
Paulo, Júlio 81
Pedro 16, 33
Pedro Abelardo 33
Pedro de Poitiers 33-4
Pedro Lombardo 33
Pelágio 56
Pépin, Jean 57, 59
Peterson, Erik 36
Petrônio, Gaio 79
Picavet, François 66
Pio XII 40
Platão 71
Platter, Charles L. 80
Plauto, Tito Mácio 78
Plotino 66-7, 129-31
Pohlenz, Max 83
Pompeu, Cneu 86
Propércio, Sexto 79
Pufendorf, Samuel 112-6

Quintiliano, Marco Fábio 53

Rahner, Hugo 43
Reitzenstein, Richard 43
Ross, William David 100
Rufino de Aquileia 55, 74

Sacher-Masoch, Leopold von 121
Sade, Donatien-Alphonse-François de 121-2

Schelling, Friedrich Wilhelm Joseph 131
Schopenhauer, Arthur 95-6, 125
Sêneca, Lúcio Aneu 80, 82-3
Sêneca, Lúcio Aneu, o Velho 80
Sicardo de Cremona 75, 85
Sohm, Rudolf 20-1
Steidle, Wolf 86
Strathmann, Hermann 14, 17
Strauss, Leo 115
Stroumsa, Guy Gedaliahu 24
Suárez, Francisco 109-11, 116-8

Terêncio Afro, Públio 78
Tertuliano, Quinto Sétimo Florente 18, 27-8, 108
Testard, Maurice 86
Thomasius, Christian 112-3
Tomás de Aquino 31, 35, 48, 61-2, 103, 109

Usener, Hermann 43

Varrão, Marco Terêncio 51-2, 89-90, 92
Virgílio Marão, Públio 113
Vitale, Antonio 91
Vogüé, Adalbert de 30

Warburg, Aby 50
Werner, Eric 43

Zenão de Cítio 76, 80

LISTA DE ABREVIATURAS

1Cor – Primeira Epístola de Paulo aos Coríntios
2Cor – Segunda Epístola de Paulo aos Coríntios
Ambrósio, *De fide – De fide ad Gratianum Augustum*/Sobre a fé para o Imperador Graciano
Ambrósio, *De myst.* – *De mysteriis*/Sobre os mistérios
Ambrósio, *De sacr.* – *De sacramentis*/Sobre os sacramentos
Ambrósio, *Ep.* – *Epistolae*/Cartas
Anth. Pal. – Antologia Palatina
Ap – Apocalipse de João
Apuleio, *De mundo*/Sobre o mundo
Aristóteles, *De an.* – *De anima*/Sobe a alma
Aristóteles, *De anim. incessu* – *De animalium incessu*/Do modo de andar dos animais
Aristóteles, *Eth. Eud.* – *Ethica Eudemia*/Ética a Eudemo
Aristóteles, *Eth. Nic.* – *Ethica Nicomachea*/Ética a Nicômaco
Aristóteles, *Met.* – *Metaphysica*/Metafísica
Aristóteles, *Pol.* – *Politica*/A política
At – Atos dos Apóstolos
Cícero, *Ad at. ou Att.* – *Epistulae ad Atticum*/Cartas a Ático
Cícero, *De fin.* – *De finibus bonorum et malorum*/Sobre as finalidades dos bens e dos males
Cícero, *De off.* – *De officiis*/Sobre os deveres
Cícero, *Tusc.* – *Tusculanae disputationes* / Disputas tusculanas
Cl – Epístola de Paulo aos Colossenses
Clemente Alexandrino, *Protr.* – *Protreptikos pros Ellenas*/Exortação aos Gregos
Demóstenes, *Iv Phil* – *IV Philippica*/Quarta filípica
Dt – Livro do Deuteronômio
Ef – Epístola de Paulo aos Efésios

Ex – Livro do Êxodo
Filo de Alexandria, *Rer. div. her.* – *Quis rerum divinarum heres sit*/Quem é herdeiro das coisas divinas
Fl – Epístola de Paulo aos Filipenses
Gramm. – *Grammatici latini*/Gramáticos latinos
Hb – Epístola aos Hebreus
Hil., *In Math.*– *In evangelium Matthaei commentarius*/Comentário ao Evangelho de Mateus
Honório de Autun, *PL*/*Patrologia Latina*
Inocêncio III, *PL*/*Patrologia Latina*
Lc – Evangelho de Lucas
Nm – Livro dos Números
Orígenes, *Hom. in Num.* – *Homilia in Numeri*/Homilia sobre o livro de números
Ovídio, *Ars* – *Ars amatoria*/A arte de amar
P. Oxy. – Papiro Oxyrrynchus
Paulus, *29 ed.*
Petrônio, *Sat.* – *Satyrica*/Satíricon
Plauto, *Cas.* – *Casina*/Casina
Plotino, *En.* – *Enneádes*/Enéadas
Pseudo-Clemente, *Recognitiones, Ep. ad Jac.* – *Epistula ad Jacobus*/ Carta a Tiago
Quintiliano, *Inst. or.* – *Institutio oratoria*/Instituição da oratória
Rhet. Her. – *Rhetorica ad Herennium*/Retórica para Herênio
Rm – Epístola de Paulo aos Romanos
Rufino em *Orig. in Rom.* – Comentário de Orígenes a Romanos
Sêneca, *De benef.* – *De beneficiis*/Sobre os benefícios
Sêneca, *Epist.* – *Epistulae morales ad Lucillium*/ Cartas morais a Lucílio
Tomás de Aquino, S. Th. – *Summa Theologiae*/ Suma Teológica
Virgílio, *Aen.* – *Aeneis*/Eneida

Publicado em 2013, ano da renúncia do Papa Bento XVI, este livro foi composto em Adobe Garamond, corpo 10,5/13,5, e impresso em papel Norbrite 66,6 g/m² na Neograf para a Boitempo Editorial, em junho de 2013, com tiragem de 2.500 exemplares.